POLYGLOT on tour

Sachsen

Der Autor
Christoph Münch
ist in Frankfurt am Main geboren
und wuchs im hessischen Lorsch auf.
Er studierte Germanistik, Musikwis-
senschaft, Geschichte und Sprachen
in Heidelberg und Rom. Er lebt seit
1994 in Dresden und arbeitet im
Tourismus, u. a. auch als Gästeführer,
sowie als Journalist und Autor.

W0078006

Das System der POLYGLOT Sterne

Auf Ihrer Reise weisen Ihnen die Polyglott-Sterne den Weg zu den bedeutendsten Sehenswürdigkeiten aus Natur und Kultur. Für die Vergabe orientie-
ren sich Autoren und Redaktion am UNESCO-Welterbe.
*** eine Reise wert   ****** einen Umweg wert   ***** sehr sehenswert

Unsere Preissymbole bedeuten:

Hotel (DZ)		Restaurant (Menü)	
●●●	über 120 €	●●●	über 35 €
●●	60 bis 120 €	●●	20 bis 35 €
●	unter 60 €	●	unter 20 €

Reiseplanung

Land & Leute

Unterwegs in Sachsen

Dresden und Umgebung

Dresden ist berühmt für seine unzähligen historischen oder wiedererrichteten Bauten wie Frauenkirche, Zwinger und Semperoper sowie für seine prächtigen Kunstschätze. Mit Vielfalt punktet die Umgebung – von den wilden Felsen der Sächsischen Schweiz bis zu den Weinhängen des Elblandes.

Oberlausitz und Niederschlesien

Mehr als 3000 Baudenkmäler sind in der Altstadt von Görlitz zu finden. Auch Bautzen und Zittau konnten ihr historisches Stadtbild bis heute bewahren. Zudem bereichert die Kultur der Sorben die Region zwischen Dresden und der polnischen Grenze.

Erzgebirge und Vogtland 89

Mittelalterliche Städtchen mit liebevoll gepflegten Traditionen
wie Bergparaden und Kunsthandwerk prägen das Erzgebirge.
Das Vogtland ist wie eh und je bekannt für Musikinstrumente
und mondäne Heilbäder, Chemnitz für die Moderne.

Leipzig und Umgebung 120

In Leipzig blühte schon immer der Handel. Die alte Messestadt
lockt mit einem reichen Kulturangebot und einer schönen
Innenstadt. In der Umgebung laden zahlreiche Burgen zur
Besichtigung und neugeflutete Seen zur Erholung.

Karten

Reiseplanung

Die Reiseregion im Überblick][
Die schönsten Touren][Klima und
Reisezeit][Anreise][Sport und
Aktivitäten][Unterkunft

Die Reiseregion im Überblick

»Sachsen. Land von Welt«, so präsentiert sich der Freistaat im Südosten Deutschlands stolz seinen Besuchern. In der Tat hat das Bundesland viel zu bieten: geschichtsträchtige Städte mit Kunstschätzen von Weltrang, ein reiches Musikleben, dazu Burgen und Schlösser in Hülle und Fülle. Und so führte in den vergangenen Jahren jede vierte Kulturreise nach Sachsen, das damit Deutschlands beliebtestes Kulturreiseziel ist. Sachsen geizt aber auch nicht mit landschaftlichen Reizen.

In **Dresden und Umgebung** kann man Kunst, Kultur und Natur gleichermaßen intensiv erleben. Die Fülle an Prachtbauten in der Landeshauptstadt wie Frauenkirche, Residenzschloss, Zwinger und Semperoper ist einmalig in Deutschland. Dazu eine Reihe interessanter Museen, die es zu entdecken gilt. Und doch ist Dresden weit mehr: Die barocke Neustadt lädt zum Bummeln ein, im Gründerzeitviertel sorgen Studenten, junge Familien, Künstler und Bewohner aus aller Welt für ein ganz eigenes Flair.

Der Zwinger ist eine der Hauptattraktionen Dresdens

Durch das Dresdner Elbtal, das wegen des Baus der Waldschlößchenbrücke den Welterbetitel verlor, erreicht man den Nationalpark Sächsische Schweiz mit seiner bizarren Welt aus Sandsteinfelsen, tief ausgeschnittenen Tälern, kleinen Städtchen und Burgen. In entgegengesetzter Richtung lockt Meißen, berühmt durch die älteste Porzellanmanufaktur Europas, zahlreiche Besucher an.

Von der tschechischen Grenze bis in das Weindorf Diesbar-Seußlitz verkehren die historischen Raddampfer der Sächsischen Dampfschifffahrtsgesellschaft. Der Elberadweg führt noch weiter bis nach Torgau, das seinen Renaissancecharakter vollständig bewahrt hat. Auch abseits

Dieses alte böhmische Siedlungshaus steht in Zinnwald im Osterzgebirge

der Elbe kann man zahlreiche Schlösser und Landsitze entdecken. Das größte ist Schloss Hubertusburg bei Wermsdorf, das schönste zweifellos Schloss Moritzburg nördlich von Dresden.

Von Radeberg vor den Toren Dresdens bis zur polnischen Grenze erstreckt sich die **Oberlausitz mit Niederschlesien**. In der reichen Kulturlandschaft haben sich Städte mit langer Geschichte wie Bautzen, Görlitz und Zittau ihr Stadtbild bewahrt. Auch aufs Bierbrauen und Likörbrennen versteht man sich hier. Eine Besonderheit ist die Kultur der in der Lausitz ansässigen Sorben.

Silberbergwerke hatten das **Erzgebirge** einst reich gemacht. Davon künden noch heute stolze mittelalterliche Städtchen. Als der Bergbau schwand, traten das Kunsthandwerk und die Industrie an seine Stelle, Grundlagen für noch heute lebendige Traditionen und für Chemnitz als Stadt der Moderne. Musikinstrumentenbau prägt das benachbarte **Vogtland**. Südwestsachsen ist aber auch eine Landschaft mit alten Burgen, die romantische Flüsse säumen, und mondänen Heilbädern.

Gegenstück zu Dresden ist die Handels- und Wirtschaftsmetropole **Leipzig**. Ein geschlossenes Stadtbild lädt zum Bummeln, ein großartiges Musik- und Theaterleben sorgt Unterhaltung für am Abend. Und der Zoo ist nicht nur für Kinder eine Attraktion. In der Umgebung locken vor allem das neue Seenland, die Städtchen und Burgen im Muldental sowie die Wald- und Heidelandschaft im Norden Sachsens.

Die schönsten Touren

Sachsens Perlen in acht Tagen

— ① — **Leipzig › Grimma › Zwickau › Annaberg Buchholz ›**
Zschopau › Freiberg › Reinsberg › Nossen › Meißen › Moritz-
burg › Dresden › Basteifelsen › Stolpen › Bautzen › Görlitz

Distanzen:
Leipzig › Zwickau 110 km; **Zwickau › Freiberg** 110 km; **Freiberg ›**
Meißen 40 km; **Meißen › Dresden** 35 km; **Dresden › Bautzen**
90 km; **Bautzen › Görlitz** 50 km

Verkehrsmittel:
Die größeren Städte Sachsens sind zwar alle durch Bahnlinien miteinander verbunden. Will man jedoch die wichtigsten Orte Sachsens in einer guten Woche erkunden, bietet sich das Auto eher an.
Diese Tour durchquert den Freistaat von West nach Ost überwiegend auf Landstraßen. Von Görlitz aus kommt man über die Autobahn in gut zwei Stunden wieder am Ausgangspunkt Leipzig an.

Die Rundfahrt beginnt in der Messestadt ****Leipzig ›** S. 124. Ein Muss
ist sowohl die Besichtigung der Thomaskirche mit dem Bach-Grab als
auch der Nikolaikirche. Fürs Mittagessen bietet sich das Panoramarestaurant auf dem City-Hochhaus an, abends eine der zahlreichen Kneipen rund um das Barfußgässchen oder die Gottschedstraße.

Am nächsten Tag steht ein kurzer Spaziergang rund um den Markt
von **Grimma ›** S. 133 auf dem Programm. In **Rochlitz ›** S. 135 lockt die
repräsentativste der vielen Burgen im Muldental zur Besichtigung. Mu-
sikfreunde und Autofans sollten jedoch rechtzeitig das nächste Über-
nachtungsziel ****Zwickau ›** S. 111 erreichen, um das Geburtshaus Robert Schumanns oder das August-Horch-Museum anzuschauen. Beim
Bummel durch die weitgehend erhaltene Altstadt lohnt ein Blick in den
prächtigen Mariendom.

Der dritte Tag führt über das Erzgebirge nach Freiberg. Die Bergbau-
orte ***Schneeberg ›** S. 109 und ***Schwarzenberg ›** S. 109 laden zum
kurzen Verweilen ein. In ***Annaberg-Buchholz ›** S. 106 sollte man sich
die Besichtigung der St. Annenkirche nicht entgehen lassen, denn hinter einer fast burgähnlichen rauen Fassade entfaltet sich farbenfrohe
gotische Pracht. Reizvoll ist die Autofahrt auf der B101 am hoch über

Felslandschaft der Greifensteine, Verwitterungsreste großer Granitblöcke

der Zschopau gelegenen Städtchen Wolkenstein vorbei nach **Freiberg** › S. 98. Am späten Nachmittag kann man sich in der »terra mineralia« von der Welt der Steine verzaubern lassen und den berühmten Dom besuchen. Am Abend steht vielleicht ein interessantes Stück auf dem Spielplan des ältesten Stadttheaters Deutschlands.

Am nächsten Tag lädt eine Führung in der »Reichen Zeche«, dazu ein, dem historischen Reichtum Sachsens auf den Grund gehen. Nach dem Bergwerksbesuch geht es weiter nach **Nossen** › S. 71, wo der romantische *Klosterpark Altzella* › S. 71 an das einst bedeutendste Zisterzienserkloster Sachsens erinnert. In **Meißen** › S. 65 sollten mindestens zwei Stunden für die älteste Porzellanmanufaktur Europas mit Schauwerkstatt, Porzellanmuseum und Shop eingeplant werden. Weiter geht es dann auf den Burgberg mit Dom und Albrechtsburg. Nach so viel Kultur kann man den Abend bei einem Glas Sachsenwein gemütlich ausklingen lassen.

Der fünfte Tag führt von Meißen über **Moritzburg** › S. 63 mit dem Barockschloss August des Starken nach ***Dresden*** › S. 48, für das der komplette kommende Tag reserviert werden sollte. Über **Pillnitz** › S. 54 mit seinem beeindruckenden **Schloss** geht es am siebten Tag in die **Sächsische Schweiz** › S. 59, wo man auf dem **Basteifelsen** › S. 60 beim Mittagessen das atemberaubende Panorama genießen kann. Nach der Burgbesichtigung in **Stolpen** › S. 62 lädt am Abend **Bautzen** › S. 78 zu Altstadtbummel und sorbischem Essen. Krönender Abschluss der Sachsentour ist am achten Tag der Besuch der wunderbar erhaltenen Altstadt von **Görlitz** › S. 82.

In vier Tagen mit dem Fahrrad die Elbe entlang

— ②— Dresden › Schöna › Pirna › Dresden › Meißen › Riesa › Torgau

Distanzen:
Schöna › Pirna 30 km; **Pirna › Dresden** 25 km;
Dresden › Riesa 53 km; **Riesa › Torgau** 48 km

Verkehrsmittel:
Der Elberadweg ist der beliebteste Radweg Deutschlands. Entsprechend gibt es mehrere Veranstalter, bei denen man sich ein Rad ausleihen und das Gepäck von Etappe zu Etappe bringen lassen kann. Reist man mit den eigenen Rädern, so fährt man von Dresden aus mit der S1 bis zur Endhaltestelle Schöna (ca. 1 Std. Fahrzeit).

Die Radtour führt von Schöna zunächst auf der südlichen Elbseite elbabwärts und bietet immer neue spektakuläre Ausblicke auf das Elbsandsteingebirge. In ***Bad Schandau** › S. 61 überquert man mit der Fähre die Elbe, um den schönen Kurort zu durchfahren. Weiter geht es auf der nördlichen Elbseite durch **Prossen** mit seinem leider unrestaurierten Rittergut bis nach ****Königstein** › S. 61, wo man wieder ans andere Elbufer übersetzt. Wem der Weg bisher zu flach war, der kann einen Ausflug zur hoch gelegenen Festung unternehmen. Nächste Station ist der autofreie Kurort **Rathen** › S. 60. In **Naunhof** gegenüber Stadt Wehlen sind es nur wenige Minuten bergauf zum Robert-Sterl-Haus. Das einstige Wohnhaus des Impressionisten ist heute ein Museum. Etappenziel ist ****Pirna** › S. 58. Für die Erkundung der historischen Altstadt bleibt am ersten Tag noch ausreichend Zeit.

Der zweite Tag führt gemütlich zunächst nach Heidenau. Die Fähre setzt hier nach **Birkwitz** mit seinem beliebten Badesee über. Nächste Station ist **Pillnitz** › S. 54 mit dem spätbarocken ****Schloss**. Entlang der Strecke durch das *****Dresdner Elbtal** wechseln sich Weinberge, Villen und Biergärten ab. Von der Stahlbrücke »Blaues Wunder« sind es nur noch 7 km bis ins Dresdner Stadtzentrum. Eine Stadtrundfahrt mit dem Rad empfiehlt sich für den Nachmittag.

Der dritte Tag ist sportlich anspruchsvoller. An Dresdens Elbsilhouette vorbei führt der Weg südelbisch bis zur Eisenbahnbrücke Niederwartha. Ein Abstecher lohnt von hier aus wenige Kilometer zurück zum Weindorf **Radebeul-Altkötzschenbroda** › S. 64 mit zahlreichen Gaststätten. Um in der Altstadt von **Meißen** › S. 65 eine Pause einzulegen, muss man erneut die Elbseite wechseln. Ab hier gibt es beiderseits des Flusses einen durchgängigen Radweg. Weinliebhaber sollten den nördlichen wählen, denn dieser führt durch das romantische Winzerdorf **Diesbar-Seußlitz** › S. 67. In der Gaststätte des Nudelmuseums in **Riesa** › S. 68 kann man am Abend wieder zu Kräften kommen.

Auf der südlichen Elbseite geht es am nächsten Tag weiter durch **Strehla** › S. 69 mit eindrucksvoller Stadtkirche und Schloss bis nach **Belgern**. Ein sechs Meter hoher Roland schmückt das Rathaus am historischen Marktplatz. Nun sind es nur noch 16 km bis zur Renaissancestadt **Torgau** › S. 69 – damit bleibt selbst bei gemütlicher Fahrt noch Zeit für eine Stadterkundung.

Auf der Via Regia in drei Tagen durch das nördliche Sachsen

3 Görlitz › Weißenberg › Bautzen › Panschwitz Kuckau › Kamenz (Dresden) › Königsbrück › Schönfeld › Großenhain › Zabeltitz › Gröditz › Zeithain (Riesa) › Oschatz › Wermsdorf › Wurzen › Machern › Leipzig

Distanzen:
Görlitz › **Bautzen** 55 km; **Bautzen** › **Gröditz** 95 km (150 km mit Abstecher nach Dresden) **Gröditz** › **Leipzig** 100 km

Verkehrsmittel:
Für diese Tour gibt es zum eigenen Fahrzeug keine wirkliche Alternative, denn sie verläuft abseits der großen Bahnlinien. Allenfalls mit dem Fahrrad kann man die Strecke bewältigen. Teilweise folgt sie dem Radweg der »Sächsischen Städteroute«. Der Großteil verläuft dabei auf relativ verkehrsarmen Landstraßen.

Die Via Regia, auch »Hohe Straße« genannt, ist die älteste europäische Fernverbindung in Ost-West-Richtung. Bereits im Frühmittelalter bildete sie sich auf Grundlage alter römischer Heerstraßen heraus und verband schließlich als bedeutendster Handels- und Pilgerweg im 11. Jh. Kiew mit Santiago de Compostela. In Sachsen führt dieser Teil des Jacobsweges durch den nördlichen Teil und beginnt in **Görlitz** › S. 82 mit seiner außergewöhnlich gut erhaltenen Altstadt. In **Weißenberg** ist das älteste erhaltene technische Museum Europas, die Alte Pfefferküchlerei, sehenswert. Das mittelalterliche **Bautzen** › S. 78 beeindruckt durch sein geschlossenes Stadtbild. Auf dem Weg nach Kamenz am nächsten Tag passiert man das *Kloster Marienstern › S. 77 bei Panschwitz-Kuckau, geistliches Zentrum der katholischen Sorben. Hinter barocken Fassaden verbirgt sich eine gotische Kirche. Die Kleinstadt *Kamenz › S. 76 zeigt ihre Vergangenheit nicht nur in Form von eindrucksvollen Baudenkmälern, sondern auch in der Pflege des Erbes des hier geborenen Dichters Lessing. Das Schloss in Königsbrück ist nicht öffentlich zugänglich, dafür aber das in Schönfeld › S. 69. Auf dem Weg von Königsbrück nach Schönfeld kann man einen 50 km langen Abstecher nach ***Dresden › S. 48 machen. Es liegt abseits der Via Regia, da es erst 1206 gegründet wurde. In Großenhain › S. 69 verdient die ungewöhnliche Stadtkirche Bewunderung. Für die Weiterfahrt nach Riesa empfiehlt sich der Umweg über Zabeltitz › S. 68 mit seinen beiden Schlössern und Übernachtung in Gröditz › S. 68, dessen Hotel »Spanischer Hof« an Santiago de Compostela denken lässt.

Die dritte Tagesetappe führt nach Oschatz › S. 71, das von den Doppeltürmen der St. Aegidienkirche überragt wird. Nur wenige Kilometer sind es von hier nach Wermsdorf zum größten Barockschloss Sachsens, *Schloss Hubertusburg › S. 71. Nächste Station ist die Ringelnatzstadt *Wurzen › S. 133. Machern › S. 132 bietet mit seinem englischen Garten um Schloss Machern und dem Schlosspark Püchau eindrucksvolle Landschaftserlebnisse. Ziel ist das Handelszentrum **Leipzig › S. 124.

Touren in der Region

Touren in der Region	Region	Dauer	Seite
Auf den Spuren der sächsischen Könige	Dresden & Umgebung	1 Tag	41
Aktiv und entspannt der Natur ganz nah	Dresden & Umgebung	2 Tage	42
Sächsische Weinstraße	Dresden & Umgebung	3 Tage	44
Vom Geistlichen zum Geistigen	Oberlausitz & Niederschlesien	1 Tag	73
Im Dreiländereck	Oberlausitz & Niederschlesien	3 Tage	74
Im Osterzgebirge	Erzgebirge & Vogtland	1–2 Tage	90
Höhepunkte der Silberstraße	Erzgebirge & Vogtland	2–3 Tage	91
Im Erzgebirgsvorland	Erzgebirge & Vogtland	1 Tag	93
Musik und Bäder	Erzgebirge & Vogtland	2–3 Tage	94
In die Dübener Heide	Leipzig & Umgebung	1–2 Tage	121
Mit dem Rad durchs Muldental	Leipzig & Umgebung	3 Tage	122

Klima und Reisezeit

Sachsens Klima ist bestimmt von starken Gegensätzen. »Sächsisches Sibirien« wird das Fichtelberggebiet genannt, wegen seiner vielen Frosttage (181 im Jahresdurchschnitt). Im Gegensatz dazu zeigt sich das Elbtal als eines der nördlichsten Weinbaugebiete Europas überaus mild und freundlich. Dazwischen liegen viele andere klimatische Kleinräume – etwa die Muskauer Heide in der Oberlausitz. Sie zählt zu den sommerwärmsten Gebieten im Osten

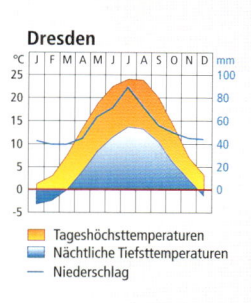

Dresden

☐ Tageshöchsttemperaturen
☐ Nächtliche Tiefsttemperaturen
— Niederschlag

Deutschlands. Ein »Kellerklima« herrscht in der Sächsischen Schweiz: Die Schluchten sind im Sommer kühler und im Winter milder als vergleichbare Orte der Umgebung, weshalb dort in relativ niedrigen Höhen Gebirgspflanzen siedeln. Den größten Erholungseffekt scheint das leichte Reizklima des Oberen Vogtlandes zu haben, das zur Berühmtheit des Bäderwinkels beiträgt. Die niederschlagsreichste Zeit ist häufig der Sommer, in dem sich oft lange Trockenperioden mit kurzen, aber heftigen Regenphasen abwechseln. Die trockenste Jahreszeit ist der Herbst, der auch die beste Wanderzeit ist. Wintersportler können nicht mit sicheren Schneeverhältnissen rechnen. Generell sind die meisten sächsischen Regionen und Städte ganzjährig reizvolle Reiseziele. Im Gegensatz zu den meisten anderen Bundesländern ist der Buß- und Bettag am dritten Mittwoch im November in Sachsen Feiertag, ebenso der Reformationstag am 31. Oktober. Dafür sind an katholischen Feiertagen wie Allerheiligen, Heilige Drei Könige und Fronleichnam die Geschäfte normal geöffnet. Hochsaison in den Städten sind die (verlängerten) Wochenenden im Frühjahr und Herbst und im Dezember überall dort, wo es Weihnachtsmärkte gibt. Für diese Termine sollte man rechtzeitig sein Quartier buchen.

Café am Dresdner Residenzschloss

Anreise

Mit dem **Pkw** ist Sachsen über die teilweise sechsspurig ausgebauten Autobahnen A 4, A 9, A 13 und A 14 aus allen Richtungen gut erreichbar. Seit Ende 2006 führt zudem die A 17 Dresden–Prag bis zur tschechischen Grenze und entlastet so den Ausflugsverkehr ins Erzgebirge und in die Sächsische Schweiz.

Die **Flughäfen** Dresden International und Leipzig-Halle sind an das nationale und internationale Flugnetz angeschlossen.

Leipzig ist **Bahn-Kreuzungspunkt** der ICE-Linien Berlin–München und Frankfurt–Dresden. Weitere Schnellzugverbindungen gehen in Richtung Hannover. Dresden liegt zudem an der EC-Strecke Hamburg–Wien/Budapest und an der Sachsen-Franken-Magistrale Nürnberg–Dresden (Verbindungen unter www.bahn.de und www.interconnex.com).

Mehrmals täglich fahren **Linienbusse** von Berlin nach Dresden (www.linienbus.de).

Reisen in der Region

Außer mit dem Auto kann man Sachsen auch gut mit öffentlichen Verkehrsmitteln bereisen. Für **Bahnreisen** empfiehlt sich das Sachsen-Ticket (www.bahn.de). Die Tickets gelten auch in allen Verkehrsmitteln der Verkehrsverbunde Oberlausitz-Niederschlesien, Mittelsachsen und Vogtland. Für den Mitteldeutschen Verkehrsverbund (Leipzig und Umgebung, www.mdv.de) gibt es auch zonenabhängige Tageskarten für Einzelreisende und Minigruppen. **Fahrräder** können in den meisten Nahverkehrszügen mitgenommen werden.

Wer im Verkehrsverbund Oberelbe (Dresden und Umgebung, www.vvo-online.de) reist, hat die Auswahl zwischen unterschiedlichsten Fahrscheinen und

Der Leipziger Hauptbahnhof

der **Dresden Regio Card**. Mit dieser hat man nicht nur fünf Tage lang freie Fahrt, sondern auch freien oder ermäßigten Eintritt bei zahlreichen Sehenswürdigkeiten.

Für **Motorradfahrer** hat die Tourismus Marketing Gesellschaft Sachsen sieben regionale Touren erarbeitet. Diese sind sowohl auf einer gedruckten Straßenkarte veröffentlicht als auch im Internet unter www.sachsen-tour.de.

Sport und Aktivitäten

Sachsen ist ein Aktivurlauber-Paradies mit vielseitigen Angeboten rund ums Jahr – mit attraktiven Wintersportgebieten, einer Vielzahl von Klettergipfeln und interessanten Wildwasserflüssen sowie einem teilweise sehr gut ausgebauten Wander- und Radwegnetz.

Baden
Den Braunkohlebaggern sei Dank: Auch für Wasserbegeisterte wird Sachsen immer attraktiver. Rings um Leipzig sind aus ehemaligen Tagebaulöchern schon attraktive Seen entstanden (www.leipzigerneuseenland.de). Beliebte Badestrände finden sich auch an den großen Talsperren Sachsens wie Pöhl im Vogtland, Malter im Erzgebirge, Bautzen und Dresden-Cossebaude. Kleine künstliche Seen mit Bademöglichkeiten gibt es rund um Moritzburg, Dresden (Wostra) und in Pirna-Birkwitz.

Wassersport
Mit dem Wakeboard oder Wasserskiern über den See gleiten: In Sachsen gibt es dafür zwei fest installierte Anlagen, eine in Rossau bei Mittweida (www.wasserskirossau.de), die andere in Dresden-Leuben (www.wasserski-dresden.de). Weitere Optionen finden sich auf Elbe, Mulde und den großen Seen. **Boots- und Kanutouren** werden auf der Elbe und mehreren Seitenflüssen angeboten. Wem die sächsischen Flüsse zu gemächlich sind, der kann sich in Markkleeberg per Schlauchboot oder Kanu ins Wildwasser stürzen (www.kanupark-markkleeberg.com).

Wandern und Klettern
Auch attraktive Wanderreviere werben für Sachsen: Immer beliebter werden Dresdner Heide, ebenso die Weinwanderwege entlang der Elbhänge von Pirna über Dresden nach Diesbar-Seußlitz. Voran stehen jedoch andere große Namen, etwa der Nationalpark Sächsische Schweiz mit dem berühmten Malerweg, der Naturpark Dübener Heide, der Tharandter Wald oder das Zittauer Gebirge. Einige Wege laden mit

über 100 km Länge zu mehrtägigen Wanderungen ein, so die Kamm-
tour entlang der tschechischen Grenze, der Ökumenische Pilgerweg
entlang der historischen Via Regia, der Oberlausitzer Bergweg, der
Zschopautal-Wanderweg oder der Vogtland-Panorama-Weg. Für letz-
teren werden auch organisierte Wanderungen ohne Gepäck angeboten
(228 km, 12 Tage, Tel. 0 37 44/8 88 60, www.vogtlandpanoramaweg.
com), ebenso für den Malerweg (112 km, Tel. 0 35 01/47 01 47, www.
malerweg.de), den Sächsischen Weinwanderweg (90 km, 6 Tage, Tel.
0 35 21/7 63 50, www.saechsischer-weinwanderweg.de) und den Oberlausitzer Bergweg (118 km, 6 Tage, Tel. 0 35 83/75 22 00, www.ober
lausitzer-bergweg.de).

Radfahren

Der Elberadweg durchquert Sachsen in seinem landschaftlich reizvollsten Abschnitt (www.elberadweg.de); an manchen Wochenenden kann
es da schon mal eng werden. Der Spreeradweg führt von der Spreequel-
le in der Oberlausitz 116 km durch Sachsen und dann weiter bis nach
Berlin (www.spreeradweg.de). Zwischen Zittau und Bad Muskau verläuft über 111 km der überwiegend asphaltierte Oder-Neiße-Radweg
(www.oder-neisse-radweg.de). Auch der Froschradweg, die Sächsische
Städteroute und der Fürst-Pückler-Weg sind ausgeschilderte Rundwege
in der sächsischen Lausitz (www.radwandern-oberlausitz.de). Landschaftlich reizvoll, aber noch nicht so gut ausgebaut sind der Zscho-
pautalradweg und der damit kombinierbare Muldental-Radweg (www.
muldental-radwanderweg.de).

Weitere Radwege gibt es entlang der Elster, entlang von Flusstälern
im Erzgebirge und im leicht hügeligen Heideland Nordsachsens. Eine
gute Übersicht gibt der allgemei-
ne Deutsche Fahrradclub (www.
adfc-sachsen.de). Organisierte
Touren entlang der Elbe, Spree
und Neiße bietet u. a. Augustus-
tours an (www.augustustours.de).

Golf

Golfspieler haben die Auswahl
unter 14 Plätzen unterschiedlicher Größe und Ausstattung. Die
schönsten 18-Loch-Anlagen sind
bei Dresden in Ullersdorf (www.
golfanlage-ullersdorf.de) und
Possendorf (www.golfclub-dres
den.de), bei Leipzig im Landschaftsschutzgebiet am Schloss-

Hochseilparks

Wandern kann man in Sachsen
nicht nur unter Bäumen, sondern
auch in den Wipfeln. Ein gutes Dutzend Hochseilgärten sind über alle
Regionen verteilt. Die wichtigsten
sind in Moritzburg, Dresden
(Klotzsche und Bühlau), Chemnitz,
Pockau, Greifensteine und Oberwiesenthal im Erzgebirge, Leipzig (Kulkwitzer und Albrechtshainer See), an
der Talsperre Pöhl sowie in der Dübener Heide. Eine Liste gibt es unter
www.kletterparks.info.

Eine Schwebebahn und sechs Liftanlagen erschließen den Fichtelberg

park Machern (www.gcc-leipzig.de) und bei Chemnitz am Wasser-
schloss Klaffenbach (www.golfclub-chemnitz.de).

Reiten

Auf über 7350 km Reitwegen kann man das Glück auf dem Rücken der
Pferde genießen. Davon sind knapp 5500 km beschildert, Reiterhöfe
und reiterfreundliche Unterkünfte säumen die Wege. Einen Atlas mit
dem Reitwegenetz hat das Sächsische Staatsministerium für Umwelt
und Landwirtschaft unter www.smul.sachsen.de/sbs/6438.htm ins Internet gestellt. Weitere Infos gibt es unter www.sachsen-mit-pferd.de.

Wintersport

Der Fichtelberg ist Sachsens bestes Wintersportgebiet für Abfahrtslauf.
Mehrere Pisten, die teilweise auch mit den benachbarten in Tschechien
kombiniert werden können, sorgen für Abwechslung. In den anderen
Wintersportorten gibt es oftmals nur ein oder zwei miteinander ver-
bundene Skilifte. Deutlich umfangreicher ist das Angebot für **Ski-
langläufer** in Erzgebirge, Oberlausitz, Sächsischer Schweiz und Vogtland. Die 36 km lange Kammloipe zwischen Johanngeorgenstadt und
Schöneck im Vogtland ist die längste gespurte Loipe in Sachsen (www.
kammloipe.com). Rekordverdächtig ist auch die Bobbahn im erzgebirgischen Altenberg ❯ S. 96. Die Tourismus Marketing Gesellschaft
Sachsen hat alle Informationen über Skigebiete und Ferienangebote in
der Rubrik »Aktivurlaub« unter »Winterurlaub« veröffentlicht (www.
sachsen-tourismus.de).

Unterwegs mit Kindern

Baumhaus, Riesenrutsche, Drachenhöhle, Streicheltiere oder Miniwelt – Familien mit Kindern können in Sachsen viel Abwechslung erleben. Die Tourismus Marketing Gesellschaft Sachsen zeichnet deshalb besonders geeignete Unterkünfte und Freizeiteinrichtungen mit dem Gütesiegel »Familienurlaub in Sachsen« aus.

Viel Spaß in Freizeitparks

Der größte Freizeitpark Sachsens, **Belantis**, liegt vor den Toren Leipzigs am Cospudener See. Hier können sich Kinder zwischen 6 und 14 im Sommer austoben: Abenteuerspielplätze, Fahrgeschäfte und eine Wildwasserfahrt durch Europas größte Pyramide sorgen für Nervenkitzel.

Ganz anders geartet ist die direkt an der polnischen Grenze gelegene **Kulturinsel Einsiedel**. Bei Schatzsuche, Tierbegegnungen und Abenteuern in der Natur können Kinder und Jugendliche ihre Kreativität ausleben. Wer länger bleiben will, kann sogar im Baumhaus übernachten ❯ S. 82.

Familienurlaub komplett verspricht der **Trixi-Park Zittauer Gebirge** in Großschönau. Im Mittelpunkt der Anlage liegen das Waldstrandbad mit 10 m hohem Sprungturm und der Wikinger-Abenteuerspielplatz. Bei schlechtem Wetter können sich die Kinder im tropischen Freizeitbad vergnügen, während sich die Eltern in »Trixis Wellnesstempel« verwöhnen lassen. Übernachten kann man in der Anlage in einem von 96 Ferienhäusern direkt am Waldrand.

500 m lang ist die **Sommer-rodelbahn Oberoderwitz**. Ganz in der Nähe kann man im **Klettergarten** seine Geschicklichkeit testen.

■ **Belantis**
Zur Weißen Mark 1][04249 Leipzig
Tel. 0 13 78/40 30 30
www.belantis.de
■ **Trixi-Park**
Jonsdorfer Str. 40
02779 Großschönau
Tel. 03 58 41/63 10
www.trixi-park.de
■ **Rodelbahn Oberoderwitz**
Spitzbergstr. 4 a][02791 Oderwitz
Tel. 03 58 42/2 62 73
www.rodelbahn-sachsen.de
Tgl. 10–20 Uhr

Bei Dinos und anderen Streicheltieren

Keine Angst vor großen Tieren! Die riesigen Saurier im **Saurierpark Kleinwelka** bei Bautzen beißen nicht, sondern machen nur eine vergangene Erdepoche anschaulich. Zahlreiche Spielmöglichkeiten ergänzen den Park, z. B. der riesige **Irrgarten** ⟩ S. 80.

Wilde Tiere können Groß und Klein in den sächsischen Zoos bestaunen. Der **Zoo in Leipzig** mit seinen eindrucksvollen Landschaftsbereichen ⟩ S. 128 wie auch der **Zoo in Dresden** ⟩ S. 54 haben schon Fernsehberühmtheit erlangt.

Der **Görlitzer Tierpark** ⟩ S. 85 vermittelt kindgerecht den Naturschutzgedanken. Die heimische Tierwelt, den seit Kurzem wieder

in Sachsen vertretenen Wolf inbegriffen, kann man im **Wildgehege Moritzburg** kennen lernen ⟩ S. 63.

Urlaub auf dem Bauernhof mit garantierter Tierbegegnung vermittelt unter anderem der Tourismusverband Erzgebirge (Tel. 0 37 33/18 80 00, www.erzgebirge-tourismus.de).

Großes Sachsen ganz klein

Wie ein Riese können sich die Kleinen fühlen, wenn sie im **Klein Erzgebirge**, dem ältesten Miniaturpark der Welt, den fast 200 schönsten Bauwerken der Region aufs Dach schauen.

Die **Kleine Sächsische Schweiz** lässt sich auch bequem mit der Minibahn erkunden. Die berühmtesten Bauten der Kontinente zeigt die **Miniwelt Lichtenstein** ⟩ S. 113. Nebenan zeigt das **Daetz-Zentrum** Holzkunst aus aller Welt.

Die Welt mit allen Sinnen erfahren und dabei sich selbst und seine Fähigkeiten entdecken – das **Deutsche Hygiene-Museum Dresden** ist ein wunderbarer Ort, in dem die Kleinen vor allem im Kindermuseum Stunden verbringen können ⟩ S. 54.

■ **Klein Erzgebirge**
Richard-Wagner-Str. 2
09569 Oederan][Tel. 03 72 92/59 90
www.klein-erzgebirge.de
■ **Kleine Sächsische Schweiz**
Schustergasse 8
01829 Dorf Wehlen
Tel. 03 50 24/7 97 59
www.kleine-saechsische-schweiz.de

Wellness und Kuren

Sachsens Heilbäder besitzen eine lange Tradition. Doch längst kann man hier nicht nur die Gesundheit pflegen, sondern auch allerlei wohlige Entspannung genießen. Im ganzen Freistaat gibt es mittlerweile **Thermen**, die sich dem Wellnessgedanken verschrieben haben. Die größten sind die Sachsen-Therme Leipzig, das Albert Bad in Bad Elster, das Thermalbad Wiesenbad und die Toskana Therme Bad Schandau. Aber auch die Spaßbäder haben oftmals eine große Abteilung, in der man sich vom Trubel zurückziehen kann. Zudem gibt es in Sachsen mehrere **Wellnesshotels.** In Dresden und der näheren Umgebung sind dies das Radisson SAS Parkhotel in Radebeul, das Gut Wildberg sowie das Hotel Pattis. In der Sächsischen Schweiz verfügen das Parkhotel Bad Schandau und das Hotel Elbresidenz über attraktive Wellnessbereiche. In der Lausitz ist das Hotel Bei Schumann in Kirschau besonders berühmt. Traditionsreich ist das »Dr.-Petzold-Bad« in Sebnitz, eine Spezialität sind hier die Kräuterbäder. Moorbäder werden in Bad Muskau angeboten. Selbst ganz oben auf dem Fichtelberg kann man in der Sachsenbaude einen entspannenden Wellnessurlaub verbringen.

Unterkunft

Hotel im Taschenbergpalais, Dresden

Alle sächsischen Ferienregionen besitzen gute Hotels und Pensionen mit ausreichender Bettenkapazität. In der Hauptreisesaison (Mai–Okt., Advent) ist es allerdings ratsam, Zimmer rechzeitig zu buchen.

Wer in Pensionen, Ferienwohnungen, Gästezimmern übernachten möchte, findet über die Tourismus Marketing Gesellschaft Sachsen (TMGS, Bautzner Str. 45/47, 01099 Dresden, Tel. 03 51/49 17 00, www.sachsen-tourismus.de) fast 1000 Unterkünfte.

Eine sächsische Besonderheit sind **Ferien in einem historischen Umgebindehaus** (Marketing-Gesellschaft Oberlausitz-Niederschlesien, Tzschirnerstr. 14a,

Hübsche Urlaubsunterkunft in einem historischen Umgebindehaus

02625 Bautzen, Tel. 0 35 91/ 4 87 70, www.oberlausitz.com). Informationen zum **Urlaub auf dem Land** gibt es bei Landurlaub in Sachsen e.V., Kurze Str. 8, 01920 Nebelschütz-Miltitz, Tel. 03 57 96/9 71 21, www.landurlaub-sachsen.de. Größter und preiswertester Unterkunftsanbieter ist auch in Sachsen das **Deutsche Jugendherbergswerk**: 58 Herbergen, viele davon in historischen Gebäuden, warten auf Gäste (mit Mitgliedsausweis, kann auch vor Ort erworben werden). (DJH-Service- und Reisecenter, Maternistraße 22, 01067 Dresden, www.djh-sachsen.de, Tel. 03 51/ 4 94 22 11.)

In allen Regionen Sachsens gibt es mehrere **Campingplätze**. Die 21 wichtigsten sind im Verband der Campingplatzbetreiber Sachsens organisiert (Waldweg 70, 08485 Waldkirchen, Tel. 03 76 06/ 27 87, www.camping-sachsen.de).

Originelle Unterkünfte

- In barockem Luxus schwelgen und im Himmelbett übernachten kann man im **Schlosshotel Gaußig** › S. 79.
- Das **art'otel** Dresden ist mit Werken des in Dresden gebürtigen Künstlers A.R.Penck ausgestattet – und bietet 4-Sterne-Komfort › S. 56.
- Vom Weltraum oder Dschungel träumen kann man in den Themenzimmern der LaLeLu-Hostels in Dresden › S. 56.
- Deutschlands erstes **BaumhausHotel** steht im Freizeitpark »Kulturinsel Einsiedel« › S. 82.
- Im **Wolkensteiner Zughotel** sind in ehemaligen Reisewaggons Zimmer und Ferienwohnungen für 62 Gäste eingerichtet › S. 106.
- Ein bewohnbarer Koffer im **Kofferhotel** in Lunzenau ist das wohl kleinste Hotel der Welt › S. 138.

Land und Leute

Steckbrief][Geschichte im
Überblick][Kunst und Kultur][
Feste und Veranstaltungen][
Essen und Trinken

Steckbrief

Sachsen

Verwaltung: 458 Gemeinden,
10 Landkreise, 3 kreisfreie Städte:
Dresden, Leipzig, Chemnitz.
Einwohner: 4,15 Mio.
Bevölkerungsentwicklung:
– 0,4 % (seit 2010)
Konfessionen: 20,4 % protestantisch,
3,6 % katholisch
Ausländeranteil: 2,8 %
(Deutschland 8,8 %)

Fläche: 18 420 km², davon landwirt-
schaftlich genutzt: 49,8 %,
Wald: 28,2 %, Nationalparks 8927 ha,
Naturschutzgebiete 61 907 ha.
Gewässer: Die meisten Seen sind ehe-
malige Tagebaugruben; der größte:
Bärwalder See (1300 ha). Stauseen:
Bautzen, Kriebstein, Malter, Pirk, Pöhl
Landeshauptstadt: Dresden

Lage und Landschaft

Sachsen setzt sich aus einem von
Nordwesten nach Südosten an-
steigenden Landschaftsgefüge zu-
sammen, das bei Torgau auf 75 m
über NN seinen tiefsten und auf
dem 1214 m hohen Fichtelberg
seinen höchsten Punkt erreicht.
Im Osten bildet die Neiße die
Grenze zu Polen, im Süden verläuft die Grenze zur Tschechischen Republik auf den Gebirgs-
kämmen des Erzgebirges. Die
Oberlausitz, teils flache Teichlandschaft, teils fruchtbares Hügelland, liegt im östlichsten Teil
Sachsens. Das Lausitzer Gebirge,
auf deutscher Seite Zittauer Gebirge genannt, markiert südlich
den Übergang zum Elbsandsteingebirge und zum Elbraum. An
diesen schließen sich die Ausläu-

fer des Erzgebirges an. 140 km
lang und 40 km breit erstreckt
sich das Mittelgebirge von Südwesten nach Nordosten. Der
Landstrich im Südwesten zwischen Thüringen, Bayern und
Tschechien ist das Vogtland.

Natur und Umwelt

Mancher hat noch die Bilder ster-
bender Bäume im Erzgebirge im
Kopf. Doch 20 Jahre nach der
Wende hat sich auch im Umwelt-
bereich viel getan. Die Waldfläche

hat sich um mehr als 10 000 ha vergrößert, und statt der Fichten-Monokultur werden Mischwälder gepflanzt.

Auch in Deutschland selten gewordene Tiere wie der Weißstorch oder seit Kurzem der Wolf fühlen sich in den wenig besiedelten Landschaften Sachsens wohl.

Bevölkerung

Wenn es nach dem Dialekt ginge, wären die Sachsen nur in der Mitte und im Westen des weiß-grünen Freistaates heimisch – und dazu in Teilen Thüringens. Ringsherum wird anders gesprochen. Vogtländer lassen die Nähe zu Franken erkennen. Die Oberlausitzer rollen im Süden das »r« ganz amerikanisch. Im Norden und in Niederschlesien klingt es ähnlich wie im benachbarten Brandenburg. Ein Idiom der slawischen Sprachfamilie pflegt die Minderheit der Sorben.

Wirtschaft mit Tradition

Bis zum Zweiten Weltkrieg war Sachsen einer der wichtigsten industriellen Ballungsräume Deutschlands. Nach der Wiedervereinigung und dem Verlust von Tausenden Arbeitsplätzen entwickelte sich der junge Freistaat zum »Musterländle« unter den neuen Bundesländern. Kernbereiche der sächsischen Wirtschaft sind die Automobilindustrie, Mikroelektronik und Maschinenbau. Die weltweite Wirtschaftskrise seit 2008 und der Bevölkerungsrückgang in den ländlichen Regionen und östlichen Landesteilen sind aber auch am Freistaat nicht spurlos vorbeigegangen und beschert eher verhaltene Konjunkturprognosen.

Die Sorben in der Lausitz

Rund ein Drittel der Bevölkerung zwischen Kamenz, Bautzen und Hoyerswerda gehört zur Volksgruppe der Sorben. Die rund 40 000 Sorben in Sachsen sind überwiegend katholisch. In Brandenburg wohnen noch mal 20 000. Sichtbare Zeichen der sorbischen Bevölkerung sind Bildstöcke am Wegesrand sowie zweisprachige Ortsschilder.

Die Sorben sind Nachfahren eines westslawischen Volkes, das schon ab dem 8. Jh. in der Lausitz siedelte und im 10. Jh. von den Germanen vereinnahmt wurde. Damit begann eine lange Zeit der Unterdrückung. Im Zeitalter der Nationalstaaten wuchs unter den Sorben das Bewusstsein ihrer kulturellen Eigenständigkeit. 1912 wurde in Bautzen die Dachorganisation »Domowina« zur Durchsetzung sorbischer Interessen gegründet. Die DDR erkannte die Sorben als nationale Minderheit an, im deutschen Einigungsvertrag von 1990 wurden die Autonomierechte der Sorben bestätigt. 1991 wurde als Instrument zur kulturellen Förderung die Stiftung für das sorbische Volk gegründet. Mit Stanislaw Tillich wurde 2008 erstmals ein Sorbe Ministerpräsident.

Geschichte im Überblick

6. Jh. Sorbische Stämme besiedeln das heutige Sachsen.

929 Gründung der Burg Meißen durch König Heinrich I. Sie wird zu einem Ausgangspunkt der deutschen Ostexpansion.

965 Die gewonnenen Gebiete werden in der Markgrafschaft Meißen zusammengefasst.

1089–1918 Heinrich von Eilenburg wird als erster Wettiner Markgraf von Meißen. Mit Konrad I. (1123) beginnt die bis 1918 andauernde Herrschaft der Wettiner.

Die Dresdner Frauenkirche

1423 Friedrich der Streitbare wird mit dem Herzogtum Sachsen-Wittenberg belehnt. Der Name Sachsen, der einst das heutige Niedersachsen bezeichnete, wird auf den wettinischen Herrschaftsbereich übertragen.

1485 Leipziger Teilung; die Brüder Ernst und Albrecht teilen sich die wettinischen Besitzungen auf.

1618–1648 Der Dreißigjährige Krieg wütet in Sachsen.

1635 Prager Frieden; die Lausitz fällt an Sachsen.

1694–1763 Unter den Kurfürsten Friedrich August I. (August d. Starke, 1673–1733) und Friedrich August II. (1693–1763) wird Dresden zur Kulturmetropole.

1756–1763 Im Siebenjährigen Krieg wird Sachsen zeitweise von den Preußen besetzt.

1806 Sachsen wird Königreich.

1813 In der Völkerschlacht bei Leipzig unterliegt Sachsen an der Seite Napoleons.

1815 Wiener Kongress: Sachsens nördlicher Teil fällt an Preußen.

1866 An der Seite Österreichs verliert Sachsen im Preußisch-Österreichischen Krieg.

1912 Gründung der Domowina, der Dachorganisation sorbischer Verbände. 1937 Verbot durch die Nazis, 1945 Wiedergründung.

1918 Novemberrevolution; König Friedrich August III. muss abdanken.

1920 Der Freistaat erhält eine demokratische Verfassung.

1933 Sachsen wird vom NS-Regime gleichgeschaltet.

1939–1945 Zweiter Weltkrieg. Dresden und Chemnitz werden 1945 bei Bombenangriffen schwer zerstört. Die Amerikaner übergeben im Juli 1945 die sächsischen Gebiete an die sowjetischen Behörden.

1949 Gründung der DDR.

1952 Sachsen wird auf die Bezirke Dresden, Leipzig und Chemnitz aufgeteilt.

1989 Von Leipzig, Dresden und Plauen geht die friedliche Revolution aus, die zur Wende führt.

1990 Sachsen ist wieder »Freistaat«.

2002 Eine Jahrhundertflut wütet an der Elbe u. im Osterzgebirge.

2005 Die wiederaufgebaute Dresdner Frauenkirche wird geweiht.

2008 Ministerpräsident Georg Milbradt (CDU) tritt zurück; Nachfolger wird Stanislaw Tillich.

2009 Das Dresdner Elbtal wird wegen des Baus der Waldschlösschenbrücke von der Welterbeliste gestrichen.

2011 Wiedereröffnung des Militärhist. Museums in Dresden.

Kunst und Kultur

Architektur

Landsicherung und Christianisierung waren bis ins 13. Jh. die Ziele der Politik in der Markgrafschaft Meißen. Davon künden noch Festungsburgen und Kirchen mit herausragenden spätromanischen Kunstwerken – etwa die Goldene Pforte der Freiberger Marienkirche, das älteste deutsche Figurenportal. Ebenso anschaulich belegen steinerne Zeugen Sachsens späteren Reichtum. Dazu zählen sakrale Gebäude des Mittelalters vom Meißner Dom bis zu den erzgebirgischen Hallenkirchen, prachtvolle Bauten des 16. Jhs. wie die Schlosskirche in Torgau und das Frührenaissanceschloss Hartenfels, aber auch die prächtigen Rats- und Bürgerhäuser in verschiedenen Städten. Sie alle stehen jedoch im Schatten der prunkvollen Kunst des Barock, die in der zweiten Hälfte des 17. Jhs. in Dresden eine große Blütezeit erlebte. Wertvolle Architektur aus dem 19. Jh. lässt sich in den Villenvierteln Dresdens sowie den Innenstädten von Leipzig, Zwickau und Görlitz bestaunen.

Plastik und Malerei

Während August der Starke und sein Sohn ab Ende des 17. Jhs. in Dresden die einzigartige Galerie Alter Meister und die Skulpturensammlung zusammentrugen, legten sich im Leipzig des 18. Jhs. Kaufleute kostbare Privatsammlungen zu. Ebenso bedeutsam als kreative Sammelbecken waren die Kunstakademien der beiden Städte. So gründeten 1905 die

Die besten Orte für Freunde klassischer Musik

- Hochklassige Musik in prächtigem Ambiente bietet die **Semperoper** in Dresden > S. 49.
- In der **Staatsoperette Dresden** stehen auch Musicals und leichte Opern auf dem Spielplan > S. 56.
- **Frauen-, Kreuz- und Hofkirche**: Die drei großen Kirchen Dresdens mit ihren Chören stehen für die gewichtige evangelische und katholische Kirchenmusiktradition Dresdens > S. 51, 53, 51.
- Im **Gewandhaus** und in der **Oper Leipzig** spielt das **Gewandhausorchester**, das zu den besten Ensembles Deutschlands gehört > S. 124.
- In der **Thomaskirche Leipzig** tritt regelmäßig freitags und samstags der Thomanerchor auf > S. 126.
- Einen **Rundgang durch europäische Musikgeschichte** bietet die »Leipziger Notenspur« (www.notenspur.de).
- Die **Landesbühnen Sachsen** spielen nicht nur täglich in ihrem Stammhaus in Radebeul, sondern bespielen auch die Felsenbühne Rathen > S. 60, das König-Albert-Theater in Bad Elster > S. 116 und weitere Bühnen (www.dresden-theater.de).
- Die Aufführungen der **Oper Chemnitz** im modernen Opernhaus hinter historischer Fassade sind legendär > S. 104.
- Im ältesten Stadttheater Deutschlands, dem **Mittelsächsischen Theater** in Freiberg, werden auch Opern aufgeführt > S. 101.

Dresdner Kunststudenten Fritz Bleyl, Erich Heckel, Ernst Ludwig Kirchner und Karl Schmidt-Rottluff die Vereinigung »Die Brücke«, Wegbereiterin des Expressionismus. In den 1920er-Jahren lehrten Otto Dix und Oskar Kokoschka in Dresden. Leipzig war das Synonym für die DDR-Avantgardemalerei mit Bernhard Heisig, Wolfgang Mattheuer und Werner Tübke als wichtigste Vertreter. An diese Tradition knüpft heute die »Neue Leipziger Schule« an. Die berühmtesten Bildhauer hat Sachsen im 19. Jh. hervorgebracht: Ernst Rietschel, Johannes Schilling und Ernst Hähnel wirkten vor allem in Dresden, Max Klinger hat in Leipzig großartige Büsten hinterlassen.

Musik

Schon immer galt Sachsen auch als Musikland; viele Traditionen reichen Jahrhunderte zurück. So bestehen die berühmten Knabenchöre, Dresdens Kruzianer (Chor der Kreuzschule) und Leipzigs Thomaner, fast 800 Jahre.

Die wohl erste, leider verloren gegangene deutsche Oper (»Daphne«) komponierte 1627 Heinrich Schütz. Er war 1617 als Hofkapellmeister nach Dresden gekommen. Zu seinen Nachfolgern gehörten Carl Maria von Weber und Richard Wagner. Die aus der Hofkapelle (gegr. 1549) hervorgegangene Sächsische Staatskapelle ist das älteste Orchester der Welt und gilt als Ensemble der internationalen Spitzenklasse, ebenso wie das Leipziger Gewandhausorches-

Das Gewandhaus zu Leipzig

ter (gegr. 1743). Mit ihm verknüpft sind Dirigentennamen wie Felix Mendelssohn Bartholdy, Wilhelm Furtwängler und Kurt Masur. Begründet wurde Leipzigs musikalischer Ruhm von Johann Sebastian Bach, der von 1723 bis zu seinem Tod 1750 als Thomaskantor in der Stadt wirkte. An ihn erinnern die Konzerte im Bach-Museum sowie das internationale Bach-Fest. Glanzpunkte im sächsischen Musikleben sind auch die Veranstaltungen, mit denen Zwickau seines größten Sohnes, Robert Schumann, gedenkt. Ein weiteres Erbe bietet in Sachsen musikalischen Hochgenuss: die Orgeln von Gottfried Silbermann, einem der berühmtesten Orgelbaumeister des 18. Jhs.

Theater, Kabarett, Literatur und Film

Das wohl bekannteste Theaterstück eines Sachsen ist das Toleranz-Schauspiel »Nathan der Weise« von Gotthold Ephraim Lessing, doch auch Schillers »Don Carlos« ist in Dresden geschrieben worden. Mit Witz und spitzer Zunge hat Erich Kästner die politische Situation der 1920er Jahre angeprangert. Aus dieser Tradition heraus gründeten sich zu DDR-Zeiten in Sachsen die wohl wichtigsten politischen Kabaretts der Republik: Das »Leipziger Brettl«, die »Academixer« und die »Leipziger Pfeffermühle« sowie die »Herkuleskeule« in Dresden hatten wichtige Ventilfunktion – und existieren auch heute noch. Es sind nach der Wende sogar noch das »Dresdner Brettl sowie »Breschke & Schuch« dazu gekommen. Görlitz wird als Filmkulisse immer wichtiger. 2008 stand hier Kate Winslet für den Hollywood-Streifen »Der Vorleser« vor der Kamera, und Quentin Tarantino drehte am Untermarkt »Inglorious Basterds«. Aus den Leipziger Filmstudios dagegen stammt die beliebte wöchentliche ARD-Serie »In aller Freundschaft«.

Buch-Tipp Das Dresdner Villenviertel Weißer Hirsch ist Schauplatz des Bestsellers »Der Turm« (2008) von Uwe Tellkamp.

Handwerk hat sächsischen Boden

Wo sich Handwerk und Technik gut entwickeln konnten, blieben künstlerische Glanzleistungen nicht aus. Sachsen bietet dafür viel Anschauungsmaterial. Auf Werkstätten, die traditionelles Handwerk pflegen, stößt man in fast allen Ferienregionen: Im Erzgebirge dominieren die Schnitzer, Drechsler und Klöpplerinnen, in der Oberlausitz Keramiker und Weber, im Vogtland die Musikinstrumentenbauer – nicht zu vergessen die Spezialisten, die Meissner Porzellan, Pulsnitzer Blaudrucke und Plauener Spitzen hervorbringen. Besucher werden gerne in die Werkstätten gebeten. Begehrte Sammelobjekte sind die mit überlieferten Mustern verzierten Ostereier der Sorben, die auf Eiermärkten angeboten werden.

Am Tag des traditionellen Handwerks, immer am dritten Sonntag im Oktober beteiligen sich über 120 Werkstätten (Tel. 03 73 22/25 50, www.silberneserzgebirge.de).

Schauwerkstätten

■ **Staatliche Porzellanmanufaktur Meissen**
Europas ältester Porzellanhersteller,
> S. 66.

■ **Töpferei Jürgel**
Julius-Kühn-Platz 4][**01896 Pulsnitz**
Tel. 03 59 55/7 24 68
www.toepferei-juergel.de
Mo–Fr 8–18, Sa 9–12 Uhr
Lausitzer Keramik mit Pfauenauge-Dekor.

■ **Ratags Kunsthandwerkerhaus**
Traditionelle Holzkunst in zwei Dreiseithöfen in Stolpen, thematische Läden und Gaststätte > S. 63.

■ **Blaudruckerei Folprecht**
Hohensteinstr. 82][**01640 Coswig**
Tel. 0 35 23/7 29 93
www.blaudruckerei-folprecht.de
Mo–Do 9–13, 16–19, Sa 10–14 Uhr
Einfache, blau und weiß gemusterte
Stoffe werden nach traditionellem
Stoffdruckverfahren hergestellt.

■ **Historische Schauweberei**
Inselsteig 16
09577 Niederwiesa-Braunsdorf
Tel. 03 72 06/89 98 00
www.niederwiesa.de
Mai–Okt. Mi–So 10–16 Uhr

Selbermachen

Ein- bis mehrtägige Seminare zur
Einführung in künstlerische und
handwerkliche Aspekte der Por-
zellanmalerei und der Kunstblu-
menfertigung:

■ **Porzellan-Manufaktur Meissen**
❯ S. 66.

■ **Dresdner Porzellan** ❯ S. 95.

■ **Deutsche Kunstblume Sebnitz**
Seit 1834 werden hier Seidenblumen
gefertigt. (Anmeldung eine Woche
vorher erbeten) ❯ S. 61.

Schnupperkurse

Vielleicht möchten Sie vor Kurs-
buchung erst Ihr Talent testen:

■ **Haus des Gastes Erzhammer**
Buchholzer Str. 2][**09456 Annaberg**
Tel. 0 37 33/42 51 90
**www.annaberg-buchholz.de/
erzhammer.htm**
Klöppeln, Schnitzen, Keramik.

■ **Heyde-Keramik**
Chemnitzer Str. 61
09387 Jahnsdorf
Tel. 03 72/2 20 17
www.heyde-keramik.de
Töpfern, auch für Kinder.

■ **Muldentaler Kunstscheune**
Sörnziger Str. 7
09306 Seelitz-Sörnzig
Tel. 0 37 37/14 90 13
www.intarsienkunstverein.de
Intarsienschneiden.

■ **Schrothaussiedlung Rietschen**
Töpfern, Filzen, Glasmalerei und
anderes Handwerk ❯ S. 82.

■ **Nähcafé**
Königsbrücker Str. 50
01099 Dresden
Di, Do, Fr 10–18, Mo 10–19.30,
Sa 10–14 Uhr.
Betreutes Nähen im Materiallager.

Plauener Spitze

Die Plauener Spitze wird maschinell
hergestellt und ist ein reines Indus-
trieprodukt. Die bis zu 13 m langen
Stickmaschinen, die auf Tüll, Mus-
selin oder ähnlich feines Unterge-
webe Muster stickten, kamen in der
zweiten Hälfte des 19. Jhs. auf.

Der Durchbruch erfolgte nach
1880 mit der Erfindung der Tüllspitze
und der Entwicklung des Ätzver-
fahrens. Der Unterstoff konnte,
nachdem er bestickt war, »weg-
gewaschen« werden, wodurch die
Stickerei filigraner und kunstvoller
wirkte.

Der Erste Weltkrieg beendete das
Wachstum. Nach 1949 konnte sich
die weitgehend verstaatlichte Spit-
zenindustrie durch verstärkte Gar-
dinenproduktion wieder zu einem
rentablen Erwerbszweig entwickeln.
Seit der Marktöffnung durch die
Wiedervereinigung ist die Spitzen-
produktion jedoch erneut in ihrer
Existenz bedroht.

Feste und Veranstaltungen

Gründe zum Feiern gibt es viele in Sachsen. Jede Stadt, jedes Dorf feiert mindestens einmal im Jahr ein Fest. Stadtteilfeste wie die **Bunte Republik Neustadt** und das **Elbhangfest** zwischen Loschwitz und Pillnitz sind auch überregional bekannt. Traditionelle Volksfeste findet man vor allem im Erzgebirge und in der Lausitz.

Heidnischer Fruchtbarkeitskult und christliche Prozessionstradition vermischen sich beim berühmten **Osterreiten** in der sorbischen Lausitz. Katholische Männer reiten dabei am Ostersonntag auf geschmückten Pferden in die Nachbarorte, um von der Auferstehung Christi zu künden.

Bereits seit 1520 feiern die Annaberger am Tritinitatistag das größte Volksfest im Erzgebirge. Von der »Dreieinigkeit« (»Dreieinischkat«) leitet sich auch der Name ab: **Annaberger Kät**.

Die Schneeberger Grubenbetreiber wollten 1496 den Bergmännern den Lohn kürzen. Die Arbeiter setzten sich zur Wehr – mit Erfolg. Mit einer Bergparade feierten sie ihren Sieg und tun das seitdem jährlich am 22. Juli zum **Schneeberger Streittag.**

Echt gut!

In der **Adventszeit** häufen sich die Termine: Zwönitz zum Auftakt der »Hutzentage«, Seiffen mit »lebendigem Spielzeug« und Chemnitz

feiern am Samstag vor dem 1. Advent. Am Samstag vor dem 2. Advent gibt es Bergparaden in Schwarzenberg und Freiberg, am 2. Advent in Schneeberg und Brand-Erbisdorf. Am 3. Adventswochenende gibt es samstags Paraden in Zwickau, Schwarzenberg, Stollberg und ein weiteres Mal in Seiffen sowie sonntags in Lößnitz und Marienberg. Anlässlich des Dresdner Striezelmarktes kommen Bergleute aus dem gesamten Erzgebirge am Samstag vor dem 4. Advent in die Landeshauptstadt. Geyer und Annaberg-Buchholz mit der größten Bergparade in Deutschland am 4. Advent beschließen den Reigen. Fast alle sächsischen Städte veranstalten **Weihnachtsmärkte**.

Weihnachtsmarkt in Annaberg

Veranstaltungskalender

Januar: Kamenz feiert seinen berühmten Sohn bei den **Lessingtagen** (bis Ende Feb.). Der Dresdner **Semperopernball** ist das wichtigste gesellschaftliche Ereignis im Freistaat.

Februar: Tausende Langlaufbegeisterte kommen am letzten Februarsamstag zum **Internationalen Kammlauf** auf der Kammloipe nach Klingenthal. Trubel herrscht zur **Fastnacht der Schiffer** in der Sächsischen Schweiz, beim **Ski- und Eisfasching** im Erzgebirge sowie bei den **sorbischen Fastnachtsfeiern** in der Oberlausitz. Der größte **Faschingsumzug** schlängelt sich am Karnevalssonntag durch Radeburg. Ebenfalls bekannt ist der Umzug in Schirgiswalde.

März: Wichtigste Veranstaltung für Literaturfreunde ist die **Leipziger Buchmesse**. Ebenfalls sehr populär ist die **Leipziger Automesse AMI**. Bis Dezember belebt das Festival **Sandstein und Musik** Kirchen, Burgen und Scheunen in der Sächsischen Schweiz. Hoch her geht es in der Oberlausitz beim **Osterreiten** der Sorben.

April: In Dresden zeigen internationale Regisseure beim **Filmfest Dresden** ihre Kurzfilme.

Mai: Zum 1. Mai startet die Sächsische Dampfschifffahrt vom Dresdener Terrassenufer mit einer **Raddampferparade** in die neue Saison. Der **Chursächsische Sommer** bietet von Mai bis Oktober vielseitige Musik und Unterhaltung in Bad Elster. In Leipzig treten Chöre und Vocalensembles beim **A-cappella-Festival** auf. Eine Woche später treffen sich hier schwarz gekleidete Jugendliche aus aller Welt zum **Wave-Gothic-Festival**, dem größten seiner Art.

Juni: In Dresden ziehen das **Dixielandfestival** und die **Musikfestspiele** mit internationalen Stars der Klassik, in Leipzig das **Bachfest** Tausende Besucher an. Beliebte Stadtteilfeste in Dresden sind das **Pieschener Hafenfest** (1. Wochenende), die **Bunte Republik Neustadt** (3. Wochenende) und das **Elbhangfest** (letztes Wochenende). **Annaberger Kät** zwei Wochen nach Pfingsten. Mitte Juni feiert Pirna **Stadtfest,** am letzten Juniwochenende zieht zum **Bergstadtfest** die Parade über den Freiberger Obermarkt. **Freiluft-Theater** auf der Felsenbühne Rathen, beim Sommer-Theater open Air und beim »Via Thea«-Straßentheaterfestival in Görlitz sowie beim Bautzner Theatersommer.

Juli: In den Tälern von Mulde, Striegis und Zschopau bietet der **Mittelsächsische Kultursommer** ein abwechslungsreiches Programm (bis Mitte Sept.). Der **MDR-Musiksommer** hat hochkarätige Klassikkonzerte an attraktiven Spielstätten in Sachsen, Sachsen-Anhalt und Thüringen im Angebot. Ebenfalls über Ländergrenzen hinweg findet im Vogtland, in Oberfranken und Böhmen zwei Monate lang das **Festival Mitte Europa** mit Konzerten, Ausstellungen und Begeg-

Besondere Erlebnisrestaurants

- Dem legendären Zeithainer Lager Augusts des Starken ist der **Sophienkeller Dresden** nachempfunden › S. 56.
- Eine kulinarische Reise bietet **Tarsius Welt**: von Sibirien nach Marokko, von Tibet zu den Seychellen, von Brasilien nach Südafrika – neben dem Barockgarten Großsedlitz ein guter Grund, in Heidenau Station zu machen › S. 58.
- In den **Kasematten Königstein** geleitet der Festungskommandant persönlich zu Tisch. Dieser steht je nach Wunsch im 16., 17., 18. oder 19. Jh. › S. 61.
- Der **Kaiserhof Radeberg** macht seinem Namen alle Ehre. Der Radeberger Brauereiausschank ist in einem prächtigen Gründerzeitbau untergebracht. Im Saal unter Stuckdecken und Kronleuchtern geht's zünftig sächsisch zu – bei den Schwänken des Radeberger Biertheaters › S. 76.
- Erlebnisgastronomische Spektakel von barocken Festen bis zu Piratennächten kann man in **Merlins Wunderland** erleben › S. 57.
- Der **Spanische Hof** ist eine iberische Insel in der ehemaligen Stahlstadt Gröditz › S. 68.
- Mehrmals im Monat verwandelt sich das Lokal **Alte Mühle Zwickau** in ein Dinnertheater › S. 112.
- Schon Goethe ließ seinen Faust mit Mephisto in **Auerbachs Keller** in Leipzig zechen. Und so speist und trinkt man hier mit höchstliterarischem Segen › S. 130.

nungen im deutsch-tschechischen Grenzraum statt.

August: Das **Moritzburg-Festival** bietet Kammermusik auf höchstem Niveau. Am zweiten Samstag im August öffnen Hausbesitzer zur **Pirnaer Hofnacht** ihre Innenhöfe. Ein Wochenende später finden das **Bierstadtfest Radeberg** und die **Pillnitzer Schlossnacht** statt. Am dritten Augustwochenende verwandelt das **Stadtfest Dresden** die Landeshauptstadt in eine riesige Bühne. Das **Burg- und Altstadtfest** in Leisnig Ende August lässt das Mittelalter lebendig werden. Am letzten Augustwochenende feiern Chemnitz und Taucha ihre Stadtfeste, ebenso Görlitz sein berühmtes **Altstadtfest**.

September: Zum **Tag des offenen Denkmals** öffnen in ganz Sachsen Privathäuser, Schlösser und historische Fabriken ihre Türens. Zeitgleich feiern am 2. Wochenende Meißen und Radebeul-Altkötzschenbroda ihre **Weinfeste.**

Oktober: In der ersten Oktoberwoche wird das Festspielhaus Hellerau zum Mekka der Musikavantgarde beim **Festival Tonlagen.** Den Leipzigern ist »alles Messe«; so hat sich auch das **Europäische Humor- und Satirefestival** als Lachmesse der Kleinkunstbranche etabliert. Seit über 50 Jahren präsentieren ebenfalls beim **DOK Leipzig** Regisseure ihre Dokumentar- und Kurzfilme.

November: Freunde des zeitgenössischen Theaters finden sich

Anfang November zum Festival **euro-scene** in Leipzig ein. Die ersten **Weihnachtsmärkte** finden in Chemnitz, Dresden und Leipzig statt; bekanntester ist der **Striezelmarkt** in der Landeshauptstadt (bis 24. Dez.). Bad Elster ist bis Januar Schauplatz der **Chursächsischen Winterträume** mit Konzerten, Theater und Ausstellungen.

Dezember: **Erzgebirgische Weihnachtsmärkte** von Annaberg-Buchholz bis ins Vogtland und nach Zwickau. Das schönste **Silvesterfeuerwerk** gibt es in Dresden – auf dem Theaterplatz und am Neustädter Elbufer.

Echt gut!

Im Sommer finden auf Schloss Augustusburg Konzerte statt

Essen und Trinken

Dem Einfallsreichtum armer Leute, besonders der Erzgebirgler, sind viele interessante Rezepte zu verdanken. Andere wurden durch exotische Lebensmittel bereichert, die über Leipzig ins Land gelangt waren.

Beliebt sind der Leipziger Suppentopf und diverse Gemüseeintöpfe, aber auch süße Suppen wie Hagebutten- und Holunderbeersuppe und seit DDR-Zeiten die Wurstsuppe Soljanka. **Wild** ist vor allem im Süden und Südosten Sachsens auf den Speisekarten zu finden. Fast schon ein Muss im Erzgebirge und in Dresden ist der **Sächsische Sauerbraten.**

Unter den Gemüsegerichten ist das **Leipziger Allerlei** der Favorit. Es wird aus jungen Möhren, Kohlrabi, Blumenkohl, Bohnen, Zuckerschoten und Spargel zubereitet und als Gemüsebeilage zu Bratengerichten gereicht. Nach dem klassischen Rezept gehören auch Pilze dazu. Das original Leipziger Allerlei wird mit Krebsschwänzen verziert und mit Krebsbutter beträufelt.

Unter den Backwaren ist vor allem der **Dresdner Christstollen** zu internationaler Berühmtheit gelangt. Auch im Erzgebirge hat der Stollen Tradition. Eher eine Zwischenmahlzeit bilden die erzgebirgischen Quarkkeulchen, zu denen Apfelmus und Kaffee gereicht werden.

Ein »Scheelchen Heeßer« mit Milch und viel Zucker ist noch immer das beliebteste warme Getränk in Sachsen.

Unterwegs in Sachsen

Entdecken Sie die einzelnen Reiseregionen –
jeweils mit den schönsten Touren, allem
Sehens- und Erlebenswerten, Hotel-, Restaurant-,
Nightlife- und Shoppingtipps

Dresden und Umgebung

Nicht verpassen!

- Einen Besuch im Grünen Gewölbe, dem größten Schatzmuseum der Welt
- Mit dem Dampfschiff durch das Elbtal nach Pillnitz fahren
- Kneipenbummel durch die Dresdner Neustadt
- Zuschauen, wie in Meißen das älteste Porzellan Europas hergestellt wird
- Eine Fahrt mit der Lößnitzgrundbahn von Radebeul nach Moritzburg

Zur Orientierung

Historische Bauten in einmaliger Dichte, gefüllt mit unermesslichen Kunstwerken, und moderne Einkaufsstraßen liegen in der über 523 000 Einwohner zählenden Landeshauptstadt dicht beieinander. Das Gründerzeitviertel Dresden-Neustadt und die Villenviertel entlang der Elbe komplettieren den Eindruck. Einen ganzen Tag sollte man mindestens für den Besuch Dresdens einplanen, und diesen wird man mit dem Bewusstsein beenden, doch nur einen oberflächlichen Eindruck gewonnen zu haben.

Was Dresden zusätzlich so einzigartig macht, ist seine abwechslungsreiche Umgebung. Ein Paradies für Erholungssuchende ist das Elbsandsteingebirge.

Es grenzt südöstlich an das Dresdner Stadtgebiet und reicht bis zur tschechischen Grenze (und darüber hinaus). Wanderrouten und Wellnesstempel, dazu Burgen und historische Stadtkerne machen den Reiz der Gegend aus. Im Mittelpunkt erstreckt sich beiderseits der Elbe der Nationalpark Sächsische Schweiz.

Alte Städte, Schlösser, Villen, Weinberge und eine liebliche, weite Kulturlandschaft kennzeichnen das Sächsische Elbland, das nordwestlich Dresdens von Radebeul bis Torgau reicht.

Im Preziosensaal des Historischen Grünen Gewölbes

Touren in der Region

Auf den Spuren der sächsischen Könige

— ④ — Dresden › Großsedlitz › Weesenstein › Pirna › Königstein › Dresden

Länge: 65 km; **Dauer:** 1 Tag
Praktische Hinweise: Die Tagestour ist ein idealer Autoausflug von Dresden aus und führt zu Burgen, Schlössern und Parks, die mit dem sächsischen Herrscherhaus verbunden sind. Die abwechslungsreiche Landschaft macht den Ausflug besonders reizvoll.

Von ***Dresden › S. 48 aus führen die B173 oder die A17 in Richtung Pirna nach Heidenau. Erste Station ist der **Barockgarten Großsedlitz › S. 57, der besonders am Morgen seinen Reiz entfaltet, wenn man die Terrassen, Wege und Ausblicke noch fast für sich alleine hat. Über das Städtchen **Dohna**, das auf der einen Seite vom Burgberg mit Kirche, auf der anderen vom Gut Gamig überragt wird, geht es durch das tief eingeschnittene Müglitztal zum **Schloss Weesenstein › S. 58 mit schönem Schlosspark. Liebhaber wertvoller Uhren können von hier aus noch einen Abstecher das Müglitztal aufwärts nach **Glashütte** › S. 58 machen. Ansonsten geht es nach dem Mittagessen weiter nach ****Pirna** › S. 58. Hier lohnt sich für Schlösserfans ebenso wie Freunde exotischer Pflanzen der Besuch des ***Landschlosses Zuschendorf**, zu erreichen über Dohna und Kottewitz. Bei Kaffee und Kuchen am Pirnaer Markt kann man sich für den Altstadtspaziergang stärken, bevor man die Besichtigung der ****Festung Königstein** › S. 61 in Angriff nimmt. Nach einem zünftigen Abendessen in den Kasematten geht es wieder nach Dresden zurück.

Aktiv und entspannt der Natur ganz nah

—⑤— Dresden › Stolpen › Bastei › Hohnstein › Sebnitz › Bad Schandau › Schöna (Hrensko) › Königstein › Pirna › Dresden

Dresden und Umgebung

0 — 10 km

④ **Auf den Spuren der sächsischen Könige** Dresden › (über Heidenau) Großsedlitz › Weesenstein › Pirna › Königstein › Dresden

⑤ **Aktiv und entspannt der Natur ganz nah** Dresden › Stolpen › Bastei › Hohnstein › Sebnitz › Bad Schandau › Schöna (Hrensko) › Königstein › Pirna › Dresden

Länge: 150 km; **Dauer:** 2 Tage
Praktische Hinweise: Diese Tour sollte man mit dem Auto unternehmen. Wenn man mehr Tage einplant, lässt sie sich auch mit öffentlichen Verkehrsmitteln bewältigen. Dann sollte man auf jeden Fall auf der Rückfahrt ein Stück mit dem Schiff ❯ S. 46 zurücklegen.

Wandern und Wellness, dazu noch Kultur – dieser Ausflug bietet viel Abwechslung. Von ✱✱✱**Dresden** ❯ S. 48 aus führt die Rundtour zunächst über das Schönfelder Hochland (das Renaissance-Wasserschloss im Ortsteil Dresden-Schönfeld lohnt den kleinen Umweg) nach ✱✱**Stolpen** ❯ S. 62. Schon von Weitem grüßen die Türme der auf einem Basaltkegel thronenden Burg und der Stadtkirche. Entsprechend ge-

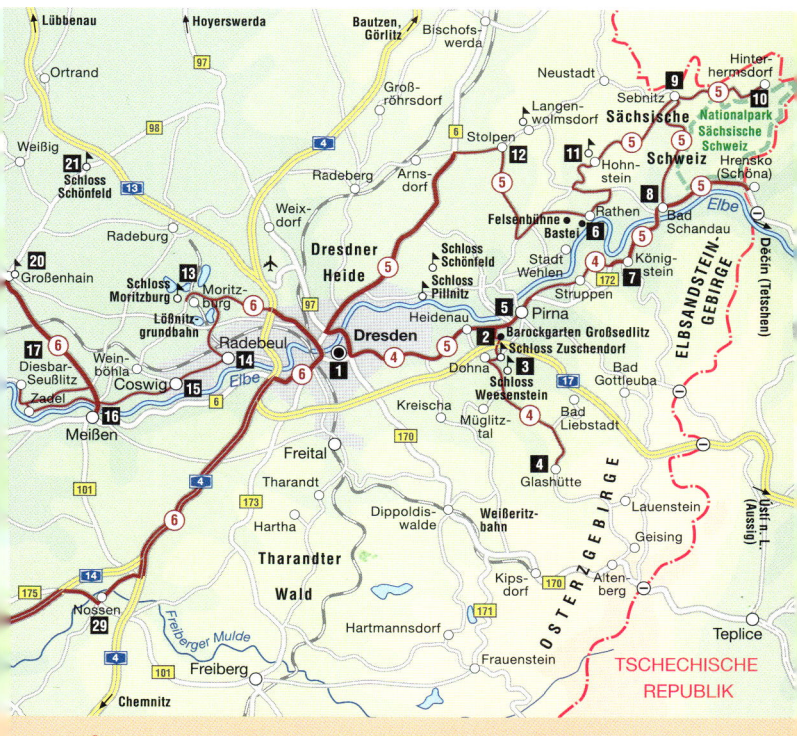

❻ **Sächsische Weinstraße** Dresden ❯ Moritzburg ❯ Radebeul ❯ Meißen ❯
Seußlitz ❯ Großenhain ❯ Zabeltitz ❯ Riesa ❯ Torgau ❯ Wermsdorf ❯ Nossen
❯ Dresden

Die Festung Königstein

nießt man bei der Burgbesichtigung auch eine grandiose Aussicht auf die hügelige Landschaft.

Noch spektakulärer ist der Blick vom **Basteifelsen** ❯ S. 60 tief in das Elbtal hinab und auf die Tafelberge der Sächsischen Schweiz. Je nach Besucherandrang lässt man den Wagen am 6 oder 1 km vom Felsen entfernten Parkplatz stehen und nutzt den Shuttledienst. Nach dem Mittagessen im Panoramarestaurant geht es weiter in Serpentinen ins Polenztal hinab und auf der anderen Seite wieder hinauf nach **Hohnstein** mit romantischem Dorfkern und Burg.

In *Sebnitz ❯ S. 61 sollte man die Schauwerkstatt der Kunstblumenproduktion nicht versäumen. Nun geht es durch das wildromantische Kirnitzschtal in Richtung Bad Schandau. Am Parkplatz gegenüber der Gaststätte »Lichtenhainer Wasserfall« kann man den Wagen stehen lassen, um eine zwei- bis dreistündige Wanderung (beschilderter Weg) auf den »Kuhstall« zu unternehmen. Das

Felstor, die Klüfte und der Ausblick auf die bizarren »Affensteine« sind unvergesslich.

Nach dem Abendessen in *Bad Schandau ❯ S. 61 kann der Tag dann ganz entspannt im Wellnesshotel oder in der **Toskana-Therme** ❯ S. 61 ausklingen. Am nächsten Tag kann man im tschechischen Grenzort **Hrensko** günstig tanken und eine kleine Wanderung zum Prebischtor, dem größten Felsbogen Europas, unternehmen.

Der Rückweg nach Dresden führt über die **Festung Königstein** ❯ S. 61 und **Pirna** ❯ S. 58.

Sächsische Weinstraße

—6— **Dresden ❯ Moritzburg ❯ Radebeul ❯ Meißen ❯ Seußlitz ❯ Großenhain ❯ Zabeltitz ❯ Riesa ❯ Torgau ❯ Wermsdorf ❯ Nossen ❯ Dresden**

Länge: 260 km; **Dauer:** 3 Tage
Praktische Hinweise: Wer die Sächsische Weinstraße mit dem Fahrrad erkunden möchte, findet eine Beschreibung auf ❯ S. 12, Unterkunfts- und Einkehrmöglichkeiten unter www.elberadweg.de. Die Fahrt mit dem Auto bietet dagegen die Möglichkeit für Erkundungen aus dem flachen Elbtal hinaus und eine Rückfahrt durch Mittelsachsen.

Von ***Dresden ❯ S. 48 aus geht es zunächst über die deutsche Alleenstraße nach **Moritzburg** ❯ S. 63. Das **Jagdschloss** und die einzigartige Teichlandschaft sind ein erster Höhepunkt der Reise. Zurück in Richtung Dresden, zweigt in Boxdorf die Straße nach ****Radebeul** ❯ S. 64 ab, wo die man die Sächsische Weinstraße erreicht. Das Renaissanceweingut **Schloss Hoflößnitz** ❯ S. 64, den Winzerdorfkern **Altkötzschenbroda** ❯ S. 64, vor allem aber ***Schloss Wackerbarth** ❯ S. 64 dürfen Weinliebhaber auf keinen Fall verpassen. Nach der Mittagseinkehr geht es über **Coswig** ❯ S. 65 nach ****Meißen** ❯ S. 65. Burg, Dom und Porzellanmanufaktur sind ein Muss. An beiden Orten kann man auch gleich das Abendessen genießen.

Trotz früher Stunde sollte man am nächsten Vormittag eine Weinprobe in **Zadel** ❯ S. 67, dem Gutsverkauf von Schloss Proschwitz, nicht versäumen. Weiter geht es nach **Seußlitz** ❯ S. 67, wo man nach einem Spaziergang durch den Schlosspark vielleicht schon gleich zum frühen Mittag einkehren will.

In **Großenhain** ❯ S. 69 lohnt ein Blick in die Marienkirche, in **Zabeltitz** ❯ S. 68 ein Spaziergang durch den schönen Park. Auf dem Weg nach **Riesa** ❯ S. 68 passiert man den Ortsteil Zeithain, der durch das Lustlager Augusts des Starken 1730 Berühmtheit erlangte. Ein romantischer Spaziergang durch das abendliche ****Torgau** ❯ S. 69 versetzt in die Renaissance. Das Schloss und die Kirchen öffnen am nächsten Morgen.

Weiter geht nun die Fahrt durch **Schildau** ❯ S. 70 und die **Dahlener Heide** ❯ S. 70 nach Wermsdorf zum ***Schloss Hubertusburg** ❯ S. 71. Über die A 14 geht es nun in Richtung Dresden zurück. Wer sich noch mehr Zeit für diesen Teil Mittelsachsens nehmen möchte, kann auch die Landstraße über **Leisnig** mit ***Burg Mildenstein** ❯ S. 134 und **Döbeln** ❯ S. 71 nehmen.

Letzte Station der Fahrt vor Dresden ist **Nossen** ❯ S. 71. Das einst mächtige ***Kloster Altzella** war im Mittelalter Besitzer zahlreicher Weinberge. Ein Spaziergang durch den Klosterpark beschließt den Ausflug.

Der Große Gerichtssaal in der Meißener Albrechtsburg

Unterwegs wie anno dazumal

Ab 1836 befuhren Dampfschiffe die Elbe. 1839 verband die erste deutsche Ferneisenbahn Leipzig und Dresden und verdrängte die bis dahin üblichen Postkutschen. Im Dresdner Verkehrsmuseum kann man die Verkehrsgeschichte Sachsens bestaunen. Viele historische Verkehrsmittel fahren auch heute wieder!

Hoch auf dem gelben Wagen

Als August der Starke Sachsen vermessen ließ, wurden in allen Städten Postmeilensäulen mit den Entfernungen zu den wichtigsten Zielen aufgestellt. Vielerorts sind diese Säulen wieder aufgestellt worden, und auch historische Postkutschen fahren wieder. Die beliebtesten Touren führen durch die Sächsische Schweiz, durch den Tharandter Wald oder von Altenberg nach Frauenstein im Osterzgebirge. Dresden lässt sich mit einem doppelstöckigen Pferdeomnibus erkunden.

- **www.poststrassen-erleben.de**
- **www.kutschfahrten-im-erzgebirge.de** (Aue und Umgebung)
- **www.barock-dresden.de,** **www.kutschfahrten-in-dresden.de**
- **www.kutschfahrten-dresden.de,** **www.roesslhof-bothe.de** (Kremserfahrten Moritzburg, Dresden)

Sächsische Dampfschifffahrt

Mit neun detailgetreu restaurierten Schiffen ist die Sächsische Dampfschifffahrt die älteste und größte Seitenraddampferflotte der Welt. 2011 feierte sie ihr 175-jähriges Bestehen. Auf der »Diesbar« von 1884 tut die älteste noch im Einsatz befindliche Dampfmaschine der Welt aus dem Jahr 1841 regelmäßig ihren Dienst. Die Dampfer fahren vom Dresdner Terrassenufer aus nach Bad Schandau und Diesbar-Seußlitz.

Sächsische Dampfschiffahrt
Tel. 03 51/86 60 90
www.saechsische-dampfschiffahrt.de

Mit Dampf auf schmaler Spur

Die dienstälteste Dampfeisenbahn Deutschlands ist die **Weißeritztalbahn**. Seit 1882 verbindet sie Freital bei Dresden mit den Gemeinden des Osterzgebirges, derzeit bis Dippoldiswalde.

Pfeile schwirren durch die Luft, Büchsen knallen, Indianer versuchen die kleine Eisenbahn zu erstürmen – nahe Radebeul wird ein solches Spektakel mehrmals im Sommer inszeniert. Und als Fahrgast der **Lößnitzgrundbahn** ist man mittendrin im Geschehen. Seit 1884 dampft sie die 16,5 km von Radebeul-Ost über Moritzburg nach Radeburg.

Landschaftlich reizvoll ist die Fahrt mit der **Fichtelbergbahn**.

Eisenbahnfreunde treffen sich alljährlich Anfang April zum Dresdner Dampfloktreffen, wenn die Deutsche Bahn und das Verkehrsmuseum ihre Depots öffnen und ihre schönsten Loks fahren lassen (www.dresden-dampflok treffen.de).

Sächsische Dampfeisenbahn-gesellschaft
Tel. 03 52 07/8 92 90
www.bvo.de/bahn

Weitere Schmalspur- und Museumsbahnen

■ Preßnitztalbahn Mügeln
Tel. 03 73 43/8 08 07
www.pressnitztalbahn.de
Mai–Okt. Sa und So

■ Döllnitzbahn **>** S. 71
■ Sächsisch-Oberlausitzer Eisenbahn
Tel. 0 35 83/54 05 40
www.soeg-zittau.de
■ Museumsbahn Schönheide
Tel. 03 77 55/43 03
www.museumsbahn-schoenheide.de
■ Sächsisches Schmalspurbahn-Museum Rittersgrün
Tel. 03 77 57/74 40
www.schmalspurmuseum.de
April–Okt. Di–So 10–17,
Nov.–März 10–16 Uhr
■ Eisenbahnmuseum Schwarzenberg
Tel. 0 37 74/76 07 60
www.vse-eisenbahnmuseum-schwarzenberg.de
tgl. 10–14 Uhr, Sa, So 10–17 Uhr
■ Windbergbahn
Dresden-Gittersee
Tel. 03 51/4 01 34 63
www.saechsische-semmeringbahn.de
April–Okt. Sa 10–16 Uhr
■ Infos zu Sachsens Museumsbah-nen: www.sachsen-unter-dampf.de

Straßenbahn im Nationalpark

Durch den Nationalpark Sächsische Schweiz und das romantische Kirnitzschtal fährt schon seit 1898 eine Straßenbahn **>** S. 61.

Mit dem Trabi durch Dresden

Mittlerweile sind sie fast so schwer zu bekommen wie zu DDR-Zeiten: die Trabis. In Dresden kann man mit der Rennpappe das (beengte) Fahrgefühl von damals erleben (Tel. 03 51/89 90 01 10, www.trabi-safari.de).

1 **Unterwegs in Dresden** 1

***Zwinger Ⓐ

Das von Matthäus Daniel Pöppelmann und dem Bildhauer Baltha-
sar Permoser geschaffene Meister-
stück europäischer Barockarchi-

tektur (1709–1732), früher der
Rahmen für rauschende Feste am
sächsischen Hof, ist heute Heim-
statt weltberühmter Museen. Be-
eindruckend ist schon der Zugang
durch das Kronentor, überwälti-

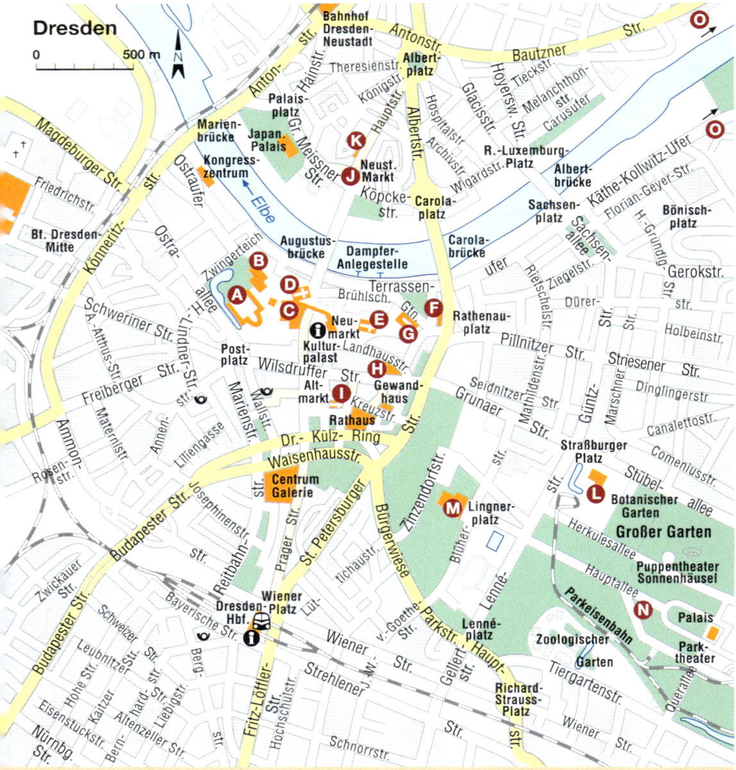

Dresden

0 ———— 500 m

Ⓐ Zwinger	Ⓖ Albertinum	Ⓛ Gläserne Manufaktur
Ⓑ Semperoper	Ⓗ Landhaus mit	Ⓜ Deutsches
Ⓒ Residenzschloss	Stadtmuseum	Hygiene-Museum
Ⓓ Katholische Hofkirche	Ⓘ Kreuzkirche	Ⓝ Großer Garten
Ⓔ Frauenkirche	Ⓙ Goldener Reiter	Ⓞ Blaues Wunder
Ⓕ Synagoge	Ⓚ Kügelgenhaus	

gend dann die Hofanlage, die Fülle der plastischen Bildwerke, der fein ausgearbeiteten Details: am Wallpavillon, am Französischen Pavillon mit dem Nymphenbad, am Glockenspielpavillon, an der Langgalerie, mit der Gottfried Semper 1854 den Zwingerbau abschloss.

Alle Museen im Zwinger sind Di–So 10–18 Uhr geöffnet; Tel. 49 14 20 00, www.skd.museum.

***Gemäldegalerie Alte Meister

Die einzigartige Gemäldesammlung ist im Semperbau untergebracht. Sie ging aus der im 16. Jh. entstandenen kurfürstlichen Kunstkammer hervor, die von den Kurfürsten Friedrich August I. und II. erweitert wurde. Glanzstück ist die »Sixtinische Madonna« von Raffael (1512). Giorgiones »Schlummernde Venus«, Rembrandts »Saskia«, Rubens' »Leda mit dem Schwan« oder Tizians »Zinsgroschen« sind weitere Werke. Den Blick auf das Dresden des 18. Jhs. ermöglichen die Stadtansichten Canalettos (Bernardo Bellotto). Ab 2013 wird das Galeriegebäude saniert und ist teilweise geschlossen.

**Porzellansammlung

Das weltgrößte Porzellanmuseum zeigt in eindrucksvoller Präsentation Kunstwerke aus China und Japan vom 14. bis 18. Jh. sowie Meissner Porzellan von den ersten Stücken bis ins Spätbarock.

Bis 2010 wurde die Präsentation der Porzellansammlung um rund 700 Objekte in der neuen Ostasiengalerie erweitert, gestaltet vom New Yorker Stararchitekten Peter Marino.

Der **Mathematisch-Physikalische Salon** zeigt nach langjährigem Umbau ab 2013 wieder seine umfangreiche Sammlung historisch-wissenschaftlicher Geräte (Tel. 49 14 20 00).

**Semperoper Ⓑ

Der Bau der Sächsischen Staatsoper ist das Meisterwerk Gottfried Sempers und ein Dresdner Wahrzeichen. Er ersetzte am Theaterplatz das abgebrannte, eben-

Theaterplatz mit Semperoper

falls von Semper erbaute Hoftheater und wurde 1945 zerbombt. Genau 40 Jahre später konnte die Oper nach langer Rekonstruktion wieder eröffnet werden. Die Innenausstattung steht der äußeren Pracht nicht nach (Infos zu den Führungen: Tel. 3 20 73 60).

Residenz-schloss

Gegenüber der Semperoper erhebt sich das Dresdner Residenzschloss. Der prächtige Renaissancebau mit dem 100 m hohen Hausmannsturm, von dem sich ein herrlicher Blick über die Stadt bietet, wurde Ende des 19. Jhs. durch viele Türmchen und Erker ergänzt. 1987 begann der Wiederaufbau zum Museumszentrum. Der Zugang zu den Museen erfolgt über den kleinen Schlosshof, der seit 2008 von einer modernen transparenten Kuppel des Dresdner Architekten Peter Kulka überdacht wird.

***Grünes Gewölbe**
Besuchermagnet im Schloss ist die Schatzkammer. Im Erdgeschoss entfaltet sich in den zehn Räumen des **Historischen Grünen Gewölbes**, von denen acht bis 2006 in den Originalzustand zurückversetzt wurden, die Pracht der Kunstsammlung Augusts des Starken mit über 3000 Kunstwerken. Die zeitgebundenen Eintrittskarten werden auch im Vorverkauf angeboten (www.skd.museum).

Im **Neuen Grünen Gewölbe** beeindrucken in der ersten Etage vor allem einzelne Meisterwerke: Über 1070 Kunstwerke aus Gold, Silber, Elfenbein und Edelsteinen werden in chronologischer Anordnung in zehn Räumen gezeigt. Die Augen können sich an den glitzernden und funkelnden Gefäßen, Skulpturen, Kabinettwerken und Schmuckstücken kaum satt sehen. Ein Höhepunkt ist der »Hofstaat zu Delhi«, ein Kleinod der Juwelierkunst, das 137 goldene, bunt emaillierte Figuren vereint, verziert mit über 5000 Diamanten, Rubinen, Smaragden und Perlen.

In der dritten Etage zeigt das *Kupferstichkabinett eine herausragende Sammlung von Zeichnungen, Drucken, Kupferstichen und Fotografien, in Sonderausstellungen Teile seiner Schätze.

*Türckische Cammer
Seit 2010 ist das Schloss um eine weitere Attraktion reicher: die wohl bedeutendste Sammlung osmanischer Kunst in Deutschland. Nur der kleinste Teil ist Beute aus den Türkenkriegen vor Wien, das meiste kaufte August der Starke. Prunkstücke sind fünf lebensgroße geschnitzte und reich geschmückte Pferde sowie ein riesiges osmanisches Staatszelt. Ab 2013 sollen die weiteren Schätze der Rüstkammer im modern wiederhergestellten **Riesensaal** und den angrenzenden Räumen zu sehen sein. Zudem erinnern die barocke Englische Treppe und die neu eingerichtete **Fürstengalerie**

dran, dass das Schloss jahrhundertelang Wohn- und Regierungssitz der Dynastie der Wettiner war. Alle Museen sind tgl. außer Di von 10–18 Uhr geöffnet.

Stallhof mit *Fürstenzug

Dies zeigt auch der Fürstenzug an der Außenseite des Stallhofes, der den Schlosskomplex nach Osten fortführt. Auf dem über 100 m langen und 14 m hohen Wandbild aus 24 600 Meißner Porzellan-Kacheln sind die 35 Wettinerfürsten von Beginn der Sächsischen Dynastie bis 1878 abgebildet. Nach innen umschließen die Renaissancearkaden (Langer Gang) und das Johanneum mit dem Verkehrsmuseum (www.verkehrs museum-dresden.de) den ehemaligen Turnier- und Festplatz.

J. S. Bach gab das erste Orgelkonzert in der Frauenkirche.

**Katholische Hofkirche

Gegenüber dem Georgentor liegt der Eingang zur Katholischen Hofkirche, Kathedrale des Bistums Dresden-Meißen. Zu den Preziosen der Innenausstattung zählen die Kanzel von Permoser (1722), die **Silbermann-Orgel** (1750–1755) und das Himmelfahrtsbild des Hochaltars von Anton Raphael Mengs. In den bei Führungen zugänglichen Grufträumen wird das Herz Augusts des Starken aufbewahrt (Orgelspiel Mi, Sa 11.30 Uhr; Führungen Mo–Do 14, Fr 13, Sa 13 und 14, So 13 Uhr).

***Frauen-kirche

Entlang eines als Einkaufspassage mit Hotel wieder aufgebauten Wohnquartiers mit teilweise barocken Fassaden erreicht man die Frauenkirche. Sie wurde 1726 vom städtischen Rat bei George Bähr in Auftrag gegeben und war die »Glaubensfeste« der protestantischen Bürger. Ihre Ruine war fast 50 Jahre lang ein eindrucksvolles Mahnmal zur Erinnerung an die schreckliche Bombennacht von 1945. 1994 begann der Wiederaufbau; am 30. Oktober 2005 wurde er mit der Weihe abgeschlossen. Das Innere überrascht

Das Semper-Denkmal bei der Kunstakademie schuf Johannes Schilling

durch seine sinnenfrohe Farbigkeit. Der Altar zeigt Christus am Ölberg, darüber thront die neue Kern-Orgel. Werktags finden um 12 und 18 Uhr Andachten mit anschließender Kirchenerklärung statt; beliebt sind auch die **Konzerte in der Kirche.** Für den Aufstieg zur Kuppel wird man mit einem herrlichen Blick über die Stadt belohnt (Tel. 65 60 61 00, www.frauenkirche-dresden.de).

**Brühlsche Terrasse

Durch die Münzgasse mit ihren vielen Lokalen gelangt man zur Brühlschen Terrasse. Diese Promenade besticht durch ihre grandiose Aussicht auf die Elbe und die berühmten Bauwerke der Stadt. Denkmäler zieren die Terrasse, die auf der früheren Befesti-

gungsanlage angelegt wurde und den Namen Heinrich Brühls (Premierminister unter August III.) trägt. Beherrschendes Bauwerk ist die Kunstakademie mit ihrer charakteristischen Glaskuppel. Daran angeschlossen ist der Ausstellungspalast »Lipsiusbau« der Staatlichen Kunstsammlungen.

Am Ende der Terrasse erinnert eine Stele an die Synagoge Sempers, die 1938 zerstört wurde. Die Architektur der **Neuen Synagoge F** von 2001 symbolisiert den Tempel in Jerusalem.

*Festung Dresden

Neben der Akademie, hinter dem Semper-Denkmal, geht es hinunter in die Festung. Hier kann man unterirdische Gewölbekeller und Kasematten der Renaissance entdecken. Selbst ein mittelalterliches Stadttor, ein Kanonenhof und Reste einer Brücke sind zu sehen (www.festung-dresden.de; April bis Okt. tgl. 10–18, Nov.–März 10–17 Uhr, 24./31. Dez. geschl.).

Albertinum

Die Heimstätte der **Skulpturensammlung** und der **Gemäldegalerie Neue Meister** hat bei ihrem Umbau ein hochwassersicheres Depot unter dem Dach sowie ein glasüberwölbtes Atrium erhalten.

Das Albertinum zeigt Kunst von der Romantik bis zur Gegenwart mit bedeutenden Werken von Caspar David Friedrich, Gauguin, Rodin, Dix bis hin zu Gerhard Richter. Eindrucksvolle Gesamtkunstwerke sind der Marmorsaal mit klassizistischen Bildwerken und der Ernst-Klinger-Saal aus dem Fin de Siècle (www.skd.museum; Di–So 10–18 Uhr).

*Landhaus

Am historischen Polizeipräsidium vorbei gelangt man zum barocken Landhaus. In seinen Räumen sind zwei Museumsbereiche untergebracht: die Städtische Galerie mit ihrer Sammlung zeitgenössischer Kunst und die interessante und lebendig präsentierte Sammlung des Stadtmuseums (www.museen-dresden.de).

*Kreuzkirche

Hinter der Weißen Gasse, Dresdens Altstädter Kneipenviertel, und dem neubarocken Rathaus steht die spätbarocke Kreuzkirche.

Der schlichte Innenraum erinnert an die Wunden des Zweiten Weltkriegs. Die Heinrich-Schütz-Kapelle würdigt den Hofkapellmeister, dessen Werk die um 1300 gegründete Dresdner Kreuzchor pflegt.

Vom Kirchturm bietet sich ein prächtiger Rundblick (www.dresdner-kreuzkirche.de; **musikalische Vesper** Sa 17 Uhr).

Echt gut!

Innere Neustadt

Über die *Augustusbrücke, die älteste der fünf Elbbrücken im Zentrum, geht es in den ältesten Stadtteil Dresdens. 1685 durch einen Stadtbrand zerstört, wurde er nach kurfürstlichen Vorstellungen planmäßig als barocke Stadt neu aufgebaut.

Am Neustädter Markt zeigt der **Goldene Reiter** August den Starken in der Positur des Cäsaren. Hier beginnt auch die von ihm als Hauptverbindungsachse zwischen Neustadt und Zentrum geplante Hauptstraße, Dresdens beliebteste Flaniermeile.

Eines der schönsten historischen Häuser ist hier das **Kügelgenhaus**, einst Wohnsitz des Malers Gerhard von Kügelgen (1772–1820), heute Museum der Dresdner Romantik (Mi–So 10 bis 18 Uhr).

Die **Königstraße**, um 1730 angelegt, ist die einzige original erhaltene Barockstraße Dresdens. Fast 700 m lang, wird sie von restaurierten Bürgerhäusern gesäumt. Am Ende steht das Japanische Palais, derzeit Sitz des Völkerkundemuseums und Ort für die Sonderausstellungen der Staatlichen Kunstsammlungen.

Weitere Sehenswürdigkeiten

In der **Gläsernen Manufaktur** ⓛ kann man bei der Produktion des VW Phaeton zuschauen (Lennéstraße 1, Di–So 8–20 Uhr, Anmeldung: Tel. 0 18 05/89 62 68, www.glaesernemanufaktur.de).

Ein Museum rund um den Menschen ist das ***Deutsche Hygiene-Museum** ⓜ (Lingnerplatz 1, Tel. 4 84 60, www.dhmd. de; Di–So 10–18 Uhr).

Viel Abwechslung bietet der **Große Garten** ⓝ mit Barockpalais, Parkeisenbahn und Zoo

Bunte Republik Neustadt

Viele, die abends in Dresden etwas erleben möchten, zieht es in die Äußere Neustadt, in die Straßen nördlich des Albertplatzes. In der Königsbrücker Str. 46 wurde 1899 Erich Kästner geboren, der das Gründerzeitviertel literarisch verewigte.

Zu DDR-Zeiten wohnten dort Intellektuelle und Künstler; nun ist es Dresdens urbanstes und lebendigstes Stadtviertel. Nirgendwo sonst in Dresden gibt es so viele Kneipen wie hier. Dazu kommen zahlreiche individuelle Läden und rund ein Dutzend Galerien.

(Tiergartenstr. 1, Tel. 47 80 60, Sommer tgl. 8.30–18.30, Winter tgl. 8.30–16.30 Uhr, www.zoo-dresden.de).

Das ***Blaue Wunder** ⓞ ist die wohl außergewöhnlichste Elbbrücke Dresdens, eine Stahlkonstruktion von 1893. Die älteste **Bergschwebebahn** der Welt führt auf die Loschwitzer Höhen (Pillnitzer Landstr.).

Höchst umstritten ist der Bau der vierspurigen, 635 m langen **Waldschlößchenbrücke**. Weil diese Brücke nach Ansicht der UNESCO das Landschaftsbild zerschneidet, wurde Dresden in einem bisher einmaligen Vorgang der Welterbestatus nach fünf Jahren wieder aberkannt.

**Schloss Pillnitz

Das Wasserpalais mit seiner großzügigen Freitreppe zur Elbe war das erste Gebäude der spätbarocken Sommerresidenz Augusts des Starken, **einer der bedeutendsten chinoisen Bauten Europas.** Es folgten das Bergpalais und das beide verbindende klassizistische Neue Palais. Im Schloss ist auch das Kunstgewerbemuseum der Staatlichen Kunstsammlung Dresden untergebracht.

Botanische Raritäten und reizvolle Durchblicke bietet der Schlosspark. Zahlreiche Veranstaltungen machen Pillnitz auch zu einem Zentrum des Kulturlebens (www. schloesser-dresden. de; Mai–Okt. tgl. 10–18, Nov. bis April 10–16 Uhr, Bergpalais Mo geschl., Wasserpalais Di geschl.).

Echt gut!

Ende des 18. Jhs. wurde der Garten um Schloss Pillnitz angelegt

Info

■ **Tourist-Information Dresden**
im Hauptbahnhof und Neumarkt
Tel. 03 51/50 16 01 60
www.dresden.de/tourismus
■ Zwei Unternehmen bieten Stadt-
rundfahrten an: die **roten Doppel-
decker mit Gästeführer** und die
Stadtrundfahrt Dresden mit
22 Haltestellen (**www.stadtrund
fahrt.com, www.stadtrundfahrt-
dresden.de**).
■ Für Erkundungen per **Fahrrad-
Rikscha** stehen zwei Anbieter zur Auswahl (**Tel. 01 60/92 70 86 03** oder
01 72/3 28 88 88).

Hotels

■ **Kempinski Hotel
Taschenbergpalais**
Am Taschenberg
01067 Dresden
Tel. 03 51/4 91 20
www.kempinski-dresden.de
Originalgetreu rekonstruiert; Hotellerie
und Gastronomie der Sonderklasse.
●●●

■ **Suitess**
An der Frauenkirche 13
01067 Dresden
Tel. 03 51/41 72 70
www.suitess-hotel.com
Individuell eingerichtete Suiten an
der Frauenkirche. Wellnessbereich
über den Dächern der Stadt. ●●●
■ **Pullman Newa**
Prager Str. 2 c][01069 Dresden
Tel. 03 51/4 81 40
www.pullmanhotels.com
Modern eingerichtete Zimmer
mit Weitblick. ●●●
■ **QF Hotel**
Neumarkt 1][01067 Dresden
Tel. 03 51/5 63 30 90
www.qf-hotel.de
Edles, modernes Flair hinter neuen
Barockfassaden. ●●●
■ **art'otel**
Ostra-Allee 33][01067 Dresden
Tel. 03 51/4 92 20
www.artotel.de
**Gelungene Verbindung von
moderner Kunst und zeitgemäßem
Komfort.** ●●●

■ **Wollnervilla**
Am Steinberg 14][**01326 Dresden**
Tel. 01 72/3 77 75 90
www.wollnervilla.de
Wohnen in schlossartigem Anwesen
über dem Elbtal. ●●
■ **LaLeLu Hostels (1 und 2)**
Louisenstr. 12 HH und Königsbrücker
Str. 70 HH][**Tel. 01 73/3 51 52 17**
www.lalelu-hostel.de

In beiden Hostels **laden Themen-**
zimmer zum Träumen ein. ●

Restaurants

■ **Kastenmeiers**
Tzschirnerplatz 3–5
01067 Dresden
Tel. 03 51/48 48 48 01
www.kastenmeiers.de
Modernes Nobelrestaurant im wieder-
aufgebauten Kurländer Palais. ●●●
■ **Sophienkeller**
Taschenbergpalais][**Taschenberg 3**
01067 Dresden][**Tel. 03 51/49 72 60**
www.sophienkeller-dresden.de

Tafeln wie August der Starke im
Zeithainer Lager. ●●
■ **Luisenhof**
Bergbahnstr. 8][**01324 Dresden**
Tel. 03 51/2 14 99 60
www.luisenhof.org
Gute Küche, traumhafte Aussicht. ●●
■ Eine große Auswahl an **Gaststätten**
mit Sommerterrassen findet sich am
Neumarkt, in und **um die Weiße Gas-**
se am Rathaus sowie in der **Neustadt**
zwischen **Haupt- und Königstraße**
und **rund um die Louisenstraße.**

Shopping

■ **Fachgeschäfte** überwiegen in der
König- und Hauptstraße der Neu-
stadt; **Warenhäuser** in der **Prager**
Straße und am **Altmarkt.**

■ **Antikes** und **Kunsthandwerk** bie-
tet die **Trödelmeile am Elbufer** beim
Sachsenplatz (Sa 8–14 Uhr, Mai–Okt.
auch jeden 3. So 10–18 Uhr).
■ Geschäfte für **Dresdner / Meissner**
Porzellan gibt es am **Neumarkt.**
■ **Dresdner Antiquariat**
Wilsdruffer Str. 6][**01067 Dresden**
Tel. 03 51/4 90 45 83
Sortiment von rund 45 000 Bänden.

Nightlife

■ **Semperoper**
Theaterplatz 2][**01067 Dresden**
Tel. 03 51/4 91 10
Karten-Tel. 4 91 17 05
www.semperoper.de
Karten online frühzeitig erwerben.
■ **Dresdener Philharmonie**
verschiedene Spielstätten
Karten-Tel. 03 51/4 86 68 66
www.dresdnerphilharmonie.de
■ **Staatsoperette**
Pirnaer Landstr. 131
01257 Dresden
Karten-Tel. 03 51/2 07 99 29
www.staatsoperette-dresden.de
■ Spielstätten des renommierten
Staatsschauspiel Dresden sind das
Schauspielhaus (1913) **am Zwinger**
und das **Kleine Haus** in der Glacis-
str. 28 (Tel. 03 51/4 91 35 55,
www.staatsschauspiel-dresden.de).
■ Kleinkunst bieten die **Herkules-**
keule, ein politisches Kabarett
(**Sternplatz 1**, Tel. 4 92 55 55, www.
herkuleskeule.de), das Kabarett
Breschke & Schuch (Wettiner Platz
10, Tel. 4 90 40 09, www.kabarett-
breschke-schuch.de) und der **Thea-**
terkahn (Terrassenufer, www.thea
terkahn-dresden.de, Tel. 4 96 94 50).
■ **Comödie Dresden**
Freiberger Str. 39 (WTC)

01067 Dresden
Tel. 03 51/86 64 10
www.comoedie-dresden.de
Vor allem Boulevardstücke.

■ **Dresdner Comedy & Theater Club**
im Italienischen Dörfchen
Theaterplatz][01067 Dresden
Tel. 03 51/4 64 48 77
www.comedytheaterclub.de
Trainiert die Lachmuskeln.

■ **Travestie-Revue-Theater**
Carte Blanche
Prießnitzstr. 10][01099 Dresden
Tel. 03 51/20 47 20
www.carte-blanche-dresden.de
Glamour und Frivolität auf hohem
künstlerischem Niveau.

■ **Merlins Wunderland**
Zschonergrundstr. 4][01157 Dresden
Tel. 03 51/4 21 99 99
www.merlins-wunderland.de

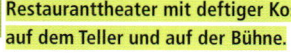
Echt gut! Restauranttheater mit deftiger Kost,
auf dem Teller und auf der Bühne.

■ **Straße E**
Werner-Hartmann-Str. 2
01099 Dresden
Tel. 03 51/2 13 85 31
www.strasse-e.com

Café am Elbufer

Kulturzentrum im Industriegelände;
Konzerte und Tanzparties.

■ **Inline-Skater** können auf bis zu
20 km langen Routen die Innenstadt
durchrollen (ab Halfpipe gegenüber
dem Rathaus, April–Okt. Do 21 Uhr;
www.nachtskaten-dresden.de).

■ **Geführte Kneipen-Touren** durch
die Neustadt starten tgl. 21 Uhr am
Artesischen Brunnen, Albertplatz
(www.nightwalk-dresden.de).

Unterwegs in Dresdens Umgebung

****Barockgarten**
Großsedlitz 2

Heidenau ist eine aus mehreren
Orten zusammengefügte, ge-
sichtslose Kleinstadt zwischen
Dresden und Pirna. Im Ortsteil
Großsedlitz jedoch steht die be-
deutendste französische Garten-

anlage Sachsens (1719–1723). Der
Park erstreckt sich beidseitig entlang eines tief eingeschnittenen
Tals. Attraktion ist die Fontänen-
anlage »Stille Musik«. Eindrucksvoll sind auch die Orangerie-
gebäude. Da fällt es fast nicht auf,
dass das zugehörige Schloss nie
fertig gestellt wurde (www.barock
garten-grosssedlitz.de, April bis

Aug. tgl. 8–20 Uhr, Sept.–März bis Sonnenuntergang).

Restaurant

Tarsius Welt
August-Bebel-Str. 37
01809 Heidenau
Tel. 0 35 29/56 72 34
www.tarsius-welt.de

 Spezialitäten aus aller Welt, von Sibirien bis zu den Seychellen. ●●

Schloss Weesenstein 3

 Sachsens seltsamstes Schloss wurde von oben nach unten erbaut. Denn rund um einen alten Burgturm auf einem Felssporn wuchs das Schloss im Laufe der Jahrhunderte bis zum Talgrund hinab, wo sich der nach der Weißeritzflut von 2002 wieder herrlich wiederhergestellte Park erstreckt. So sind die ältesten Teile des achtgeschossigen Baus in den Fels gehauen, liegen Pferdeställe im dritten, die Keller dagegen darüber im fünften Geschoss. Von den prächtig ausgestatteten Räumen sind 40 zu besichtigen, darunter die Prinzengemächer, eine 53 m lange Zimmerflucht, Festsaal, Ledertapetensaal und Vogeltapetenzimmer (www.schlossweesenstein.de; Sommer tgl. 9–18, Winter Di–So 10–17 Uhr).

Restaurants

■ **Schlossbrauerei**
Tel. 03 50 27/4 20 04
www.weesenstein.de][Mo Ruhetag
Süffiges Bier in uriger Gaststätte. ●●

■ **Pfeffersacks Königliche Schlossküche**
Tel. 03 50 27/6 24 18
www.pfeffersack-koeniglicheschlosskueche.de][Mo/Di Ruhetage
Sächsische Spezialitäten im Küchengewölbe König Johanns. ●●

Glashütte 4

Nur wenige Kilometer das Müglitztal aufwärts erreicht man den Ort Glashütte. Der Dresdner Uhrmacher Adolph Lange gründete hier 1845 eine Uhrenfabrik. Diese ist nach der Wende als A. Lange & Söhne GmbH wiedererstanden und gilt als einer der weltweit wichtigsten Produzenten von Luxusuhren. Weitere Markenhersteller (z. B. Glashütte Original, Nomos, Wempe) sind ebenfalls hier ansässig und bieten auf Anfrage Einblick in ihre Werke.

Einen schönen Überblick bietet das Deutsche Uhrenmuseum (Schillerstr. 3a, 01768 Glashütte, Tel. 3 50 53/4 62 83; tgl. 10 bis 17 Uhr, www.uhrenmuseum-glashuette.com).

Pirna 5

Pirna mit seiner hervorragend erhaltenen historischen Altstadt firmiert als Tor zur Sächsischen Schweiz. Der **Marktplatz** zeigt sich auch heute noch fast so, wie ihn der venezianische Maler Canaletto 1750 verewigte. Das nach Canaletto benannte Haus mit dem gefachten Giebel beherbergt heute den Tourist Service. Dahinter überragen der trutzige Turm und das riesige Dach der **Stadtkirche St. Marien** (1502–1546) die Stadthäuser. Der Bau ist ein schönes Beispiel der für Sachsen typischen dreischiffigen Hallenbasilika. Über zwölf Säulen wölbt sich die Decke, die 1544 ausgemalt worden ist.

Weitere Sehenswürdigkeiten sind das **Stadtmuseum** in einem ehemaligen Kloster und das Haus in der Schmiedstraße, in dem 1465 der Ablassprediger Johannes Tetzel geboren wurde.

Über der Stadt thront das zum Landratsamt umgebaute **Schloss Sonnenstein**. Es erlangte traurige Berühmtheit als Gefängnis und im Dritten Reich als Ort, an dem Tausende behinderte Menschen ermordet wurden.

Das barocke ***Landschloss Zuschendorf** im gleichnamigen Ortsteil ist ganz der Zucht von Kamelien und Azaleen gewidmet. Ebenso zu Pirna gehört der Ortsteil **Graupa**, wo Richard Wagner den »Lohengrin« schrieb. Wenige Schritte vom »Lohengrinhaus« (Gedenkstätte) informiert im Schloss Graupa das neue Richard-Wagner-Museum über die Dresdner Jahre des Komponisten (www.richardwagnermuseum.de).

Hotel

Zur Post
Liebstädter Str. 30
01796 Pirna
Tel. 0 35 01/55 00
www.hotel-zur-post-pirna.de
Familiäres Hotel, dessen Neubau eine historische Poststation (1693) einbezieht. ●●

Wandern auf dem Malerweg im Nationalpark Sächsische Schweiz

2 **Nationalpark Sächsische Schweiz

Zwischen Pirna und Bad Schandau erstreckt sich der Nationalpark Sächsische Schweiz. Aus bewaldeten Ebenen ragen große Tafelberge, steinerne Zinnen, Türme und Nadeln hervor, die sich zu bizarren Felsgruppen formieren. In diesem Gebiet sind auch anderswo ausgestorbene oder stark gefährdete Pflanzen und Tiere zu finden. Schon 1909 bemühten sich Naturfreunde, den Urwald unter Schutz stellen zu lassen – vergebens. Erst 1956 erhielt die Sächsische Schweiz wenigstens den Status eines Landschaftsschutzgebiets, am 1. April 1991 wurde sie zum Nationalpark erhoben.

Wandern und Klettern stehen in der Sächsischen Schweiz natür

Ruderboote am Amselsee
bei Rathen

Buch-Tipp Schandau und seine Umgebungen oder Beschreibung der sogenannten Sächsischen Schweiz, nach der Originalausgabe von 1812, von W. L. Götzinger, Husum Verlag, 2008.

Info

■ **Tourismusverband Sächsische Schweiz e.V.**
Bahnhofstr. 21
01796 Pirna
Tel. 0 35 01/47 01 47
www.saechsische-schweiz.de
Vermittlung von Touren und Pauschalangeboten.

■ **Nationalparkzentrum**
Dresdner Str. 2 b
01814 Bad Schandau
Tel. 03 50 22/90 06 00
www.nationalpark-saechsische-schweiz.de
Besucherzentrum und Museum, Vermittlung von Nationalparkführern.
Eine kleine Infostelle ist auch im Bahnhof Bad Schandau eingerichtet.

lich im Vordergrund. Auf dem insgesamt 115 km langen **Malerweg** kann man auf den Spuren von Caspar David Friedrich, Ludwig Richter und Robert Sterl zu den schönsten Punkten des Elbsandsteingebirges wandern. Ein herrliches Wandergebiet sind die sächsischen Abschnitte des Europäischen Fernwanderweges (E 3) über Bad Schandau bis Polen, Ungarn und Rumänien. Folgt man den Zeichen EB/blauer Strich gen Osten (Anlaufpunkt: Jugendherberge Bad Schandau), erreicht man die Schrammsteine (ca. 2,5 km), ein beliebtes Klettergebiet.

Kletterkurse und auch Mountainbiketouren organisiert z. B. Rock Trail in Sebnitz (Götzingerstr. 3, Tel. 03 59 96/50 73 61, www.rock-trail.de).

Rathen 6

Der Kurort Rathen ist vom S-Bahnhof aus mit der Fähre zu erreichen. Die Sommerfrische ist autofrei. Rund 20 Minuten bergauf erreicht man die ***Felsenbühne Rathen**. Die Freilichtspielstätte der Landesbühnen gilt als **schönstes Naturtheater Europas** Echt gut! (Tel. 03 50 24/77 70, www.dresden-theater.de). Nur wenige Gehminuten entfernt liegt der 600 m lange ***Amselsee**. Dort kann man eine Ruderpartie unternehmen.

Ein Höhepunkt in der Sächsischen Schweiz ist die ****Bastei** oberhalb von Rathen. Der Aufstieg ist in einer knappen Stunde zu schaffen. Oben (317 m) bietet

sich eine **schöne Aussicht auf die Elbe und die umliegenden Felsen.** Mit dem Auto erreicht man die Bastei von Dresden aus über Lohmen bis zum Besucherparkplatz, danach gibt es einen kostenpflichtigen Shuttledienst.

Restaurant

Panoramarestaurant Bastei
Tel. 0 35 24/77 90
www.bastei-berghotel.de
Sächsische Küche und ein unvergleichlicher Blick. ●●

Hotel

Parkhotel Elbiente
Wehlener Weg 1][01824 Rathen
Tel. 03 50 24/7 55 00
www.elbiente.de
Wellnesshotel direkt am Dampferanleger. ●●●

**Königstein 7

Von Weitem sichtbar sind Ort und Festung Königstein. Kurfürst Christian I. ließ das Wahrzeichen der Sächsischen Schweiz ab 1589 zur Landesfestung ausbauen. Bis zu 40 m hohe Mauern, 2,2 km lang, schließen ein Areal von 9,5 ha ein. Deutschlands größte Bergfestung beherbergt auch die älteste Kaserne des Landes, eine historische Brunnenanlage und zahlreiche weitere Sehenswürdigkeiten (tgl. ab 9 Uhr; www.festung-koenigstein.de).

Restaurant

Restaurant in den Kasematten
01824 Königstein

Tel. 03 50 21/6 44 44
www.kasematten.com
Zur **kulinarischen Reise durch die Festungsgeschichte** lädt das Restaurant-Theater ein. ●●●

*Bad Schandau 8

Der Ort hat sich vom traditionellen Kurort zum Wellnesszentrum der Gegend entwickelt. In der der Toskana-Therme heißt das Konzept **Baden in Licht und Musik** (Rudolf-Sendig-Str. 8a, Tel. 5 46 10, www.toskana-therme.de).

Zugleich ist er ideale Ausgangspunkt für Wanderungen in die Sächsische Schweiz, die auch mit Straßenbahnfahrten kombiniert werden können. 30 Min. braucht die Kirnitzschtalbahn für die 8 km von Bad Schandau bis zum (künstlichen) Lichtenhainer Wasserfall (Tel. 03 50 22/54 80, www.ovps.de).

Hotels

■ **Hotel Elbresidenz**
Markt 1–11
01814 Bad Schandau
Tel. 03 50 22/91 90
www.elbresidenz-bad-schandau.de
Einziges 5-Sterne-Hotel der Sächsischen Schweiz. **Großer Wellnessbereich und Ayurveda-Küche.** ●●●

■ **Parkhotel Bad Schandau**
Rudolf-Sendig-Str. 12
01814 Bad Schandau
Tel. 03 50 22/5 20
www.parkhotel-bad-schandau.de
Elegantes Haus mit traumhaftem Elbblick, mehrfach ausgezeichnet für Küche, Service und Wellnessangebote. ●●

*Sebnitz 9

Das idyllische Städtchen liegt unmittelbar an der Grenze zur Böhmischen Schweiz. Oberhalb des Marktes ist der Innenraum (1619) der Stadtkirche Peter und Paul einen Besuch wert wie auch die Schauwerkstatt der **Seidenblumenmanufaktur** (Tel. 03 59 71/ 5 31 81, Neustädter Weg 10, www. deutsche-kunstblume-sebnitz.de; Di–So 10–17 Uhr).

In der Ausstellung des **Afrikahauses** erfährt man alles über den Schwarzen Kontinent (Hertigswalder Str. 4, www.afrikahaus-sebnitz.de; Di–So 10–17 Uhr).

Der **Urzeitpark** zeigt mehr als 370 Nachbildungen von prähistorischen Tieren (Forstweg; www. saechsische-schweiz-touristik.de, Mai–Sept. 10–18, April und Okt. tgl. 10–17 Uhr).

Hinterhermsdorf 10

Der malerische Ort liegt im östlichsten Zipfel der Sächsischen Schweiz. Eine **Kanufahrt über den künstlichen See** der oberen Schleuse ist ein unvergessliches Erlebnis. Vom Parkplatz Buchenparkhalle aus muss man sich dieses aber mit 45 Minuten Fußmarsch verdienen.

Echt gut!

Hohnstein 11

Mächtig über dem Städtchen und dem Polenztal thronend, ist Burg Hohnstein die einzige erhaltene rechtselbische Burg (12. Jh.) in der Sächsischen Schweiz. Nach wechselvoller Geschichte wurde sie 1926 zur größten Jugendherberge Deutschlands mit 1000 Betten umgebaut. 1933/1934 war die Burg nationalsozialistisches »Schutzhaftlager« und 1939–1945 ein Kriegsgefangenenlager. Heute ist sie wieder eine attraktive Jugendherberge (www.nfhw.de) mit 180 Betten und Sitz zweier Museen (Geschichte von Ort und Schloss, Naturkunde; Tel. 03 59 75/ 8 12 02; Karfreitag bis Okt. tgl. 10 bis 17 Uhr). Hohnstein ist ein idealer Ausgangspunkt für Wanderungen und Klettertouren.

**Burg Stolpen 12

Am Rande der Sächsischen Schweiz breiten sich auf einem Basaltberg weithin sichtbar Stadt und **Burg Stolpen** aus. Die als Grenzfeste des Bistums Meißen errichtete Burg diente ab 1558 als Gefängnis. Seine berühmteste Insassin war die Gräfin Anna Cosel, eine Mätresse Augusts des Starken, die sich zu sehr in Regierungsgeschäfte einmischte. Die Gräfin war 36 Jahre alt, als man sie am 24. Dez. 1716 in die Gemäuer brachte – sie wurde ohne formelles Urteil festgehalten. Nach 28 Jahren zog die Gräfin in den Johannisturm – im Volksmund fortan Coselturm genannt – wo sie bis zu ihrem Tode im Jahr 1765 lebte. Sehenswert sind auf der Burg die mittelalterliche Kräuterküche im Siebenspitzenturm (1450), die Waffensammlung in der Hauptwache sowie der mit 82 m tiefste Basaltbrunnen der Welt (www.burg-stolpen.de, Tel. 03 59 73/ 2 34 10; April–Okt. tgl. 9–18, Nov.–März 10–16 Uhr).

Karte
Seite 42

Shopping

Ratags Kunsthandwerkerhaus

Hauptstr. 120][**01833 Stolpen/**
OT Langenwolmsdorf
Tel. 03 59 73/6 24 90
www.ratags.de][Tgl. 10–18 Uhr
Einkaufs- und Erlebniswelt für erzgebirgische Holzkunst inkl. Schauwerkstatt und Bauernwirtschaft.

 ****Schloss Moritzburg** 🔢

Im Johannisturm der Burg Stolpen

Inmitten einer idyllischen, leicht
hügeligen Landschaft mit zahlreichen Teichen liegt der Ort Moritzburg, der durch sein Schloss
berühmt ist. Der Vorläufer des repräsentativen Barockbaus am
Ende einer langen Allee war ein
Jagdschloss von Kurfürst Moritz.
August der Starke liebäugelte
mehr mit einem Schloss am »See«.
So ließ August nicht nur das
Schloss unter der Leitung von
M. D. Pöppelmann erweitern,
sondern auch den großen Schlossteich in seiner heutigen Form sowie zusätzliche Teiche anlegen.

Das Schloss ist heute ein Museum. Es zeigt u. a. Exponate zur
Baugeschichte, Kunsthandwerk
und Gemälde des Barock sowie
eine Trophäensammlung (April
bis Okt. 10–17.30, Nov.–Anfang
Jan. Rundgänge Di–So stdl. 10 bis
16 Uhr, Feb./März nur Sa, So, Jan.
geschl.; www.schloss-moritzburg.
de).

 Am Großteich mit **Deutschlands einzigem Leuchtturm im
Binnenland** steht das Fasanen-
schlösschen, ein chinoiser Lust-

bau. Für den Besuch empfiehlt
sich Voranmeldung im Schloss.

Kinder begeistern sich für das
Wildgehege mit zahlreichen ein-
heimischen Arten sowie einem
Hochseilgarten (Radeburger Str.,
Tel. 9 97 90, www.wildgehege-
moritzburg.sachsen.de; März bis
Okt. 10–18 Uhr, Nov.–Dez. 9–16,
Jan./Feb. Sa, So 9–16 Uhr; Schau-
fütterung tgl. 14.30 Uhr).

Info

Tourist-Information

Schlossallee 3 b][**01468 Moritzburg**
Tel. 03 52 07/85 40][**www.**
kulturlandschaft-moritzburg.de
Auch Fahrradverleih – etwa für eine
Tour zum Strandbad Dippelsdorfer
Teich (ca. 4 km). Ab Radebeul-Ost ver-
kehrt die Schmalspurbahn »Lößnitz-
dackel« ins Moritzburger Wald- und
Teichgebiet ❭ S. 47.

Restaurant

Adams Gasthof

Markt 9][**Tel. 03 52 07/9 97 75**
www.adamsgasthof.com
Seit 1675. Seine Küche genießt einen
guten Ruf. ●●

Radebeul 14

Sächsisches Nizza wird die Stadt am Rande Dresdens wegen ihrer Lage unterhalb von Weinbergen und der zahlreichen Villen genannt. In der Villa Shatterhand lebte Karl May von 1896 bis zu seinem Tod 1912. Heute informiert hier das **Karl-May-Museum** über den Schriftsteller und die Indianer Nordamerikas (Karl-May-Str. 5, Tel. 03 51/8 37 30 10, www.karl-may-museum.de; Di bis So März–Okt. 9–18, Nov. bis Feb. 10–16 Uhr).

Wie sah der Alltag in der DDR aus? In einer typischen Büroplatte zeigt das **DDR-Museum** das Leben der Ostdeutschen. Soljanka und Leipziger Allerlei gibt's im angeschlossenen Lokal (Wasastr. 50, Tel. 03 51/8 35 17 80, www.ddr-museum-dresden.de; tgl. 10 bis 18 Uhr).

Großer Beliebtheit erfreuen sich die Führungen im barocken **Schloss Wackerbarth** mit Verkostung im Sächsischen Staatsweingut. (Tel. 03 51/8 95 50, www.schloss-wackerbarth.de). Das angeschlossene Gasthaus ist für seine feine Küche bekannt.

Wer etwas über die Geschichte des edlen Rebensafts erfahren möchte, sollte das **Weingutmuseum Hoflößnitz** besuchen. Das Weingut mit Wein- und Museumsladen gilt als das älteste erhaltene in Sachsens (Tel. 03 51/8 39 83 41, www.hof loessnitz.de; April–Okt. Di–So 10–17, Nov. bis März 12–15 Uhr, Führungen jeweils um 14 Uhr).

Mit neuen Lokalen, Galerien und Geschäften rund um Marktplatz und Anger ist das 1924 eingemeindete und in den vergangenen Jahren stilvoll restaurierte einstige Weinbau- und Fischerdorf **Altkötzschenbroda** ein Ausflugsziel besonderer Art (www.altkoetzschenbroda.de).

Hotels

■ **Radisson Blu Parkhotel**
Nizzastr. 55][Tel. 03 51/8 32 10
www.radissonblu.com/parkhotel-dresdenradebeul
Zimmer und Studios in mediterraner Villenanlage, bestes Hotel-Spa im Großraum Dresden. ●●●

■ **Goldener Anker**
Altkötzschenbroda 61
Tel. 03 51/83 99 01 00
www.goldener-anker-radebeul.de
Am historischen Anger und Elbradweg. ●●

Weinbau in Sachsen

Seit 850 Jahren wird im milden Klima des Elbtals Wein angebaut. Zu DDR-Zeiten war der Weinbau Domäne von über 2000 Hobbywinzern, die der Winzergenossenschaft ablieferten, während das Staatsweingut Schloss Wackerbarth die Politprominenz belieferte. Nach der Wende machte der Weinbau in Sachsen einen Qualitätssprung. Typisch sind Riesling, Müller-Thurgau und Burgundersorten. Fast nur hier anzutreffen sind Elbling und Goldriesling. Besonders zu empfehlen ist der sächsische Traminer (Infos: www.weinbauverband-sachsen.de).

Restaurants

■ **Charlotte K.**
Coswiger Str. 23/OT Zitzschewig
Tel. 03 51/8 33 68 76
Nur Do–Mo geöffnet
■ Gourmetküche in einem renovierten
Fachwerkhaus. ●●●
■ **Weinstube Hoflössnitz**
Knohllweg 37
Tel. 03 51/8 39 83 55
www.weinstube-hofloessnitz.de
Mo Ruhetag
Regionale Küche am Kachelofen. ●●

Coswig 15

Industrie und Weinbau haben das Städtchen an der Elbe (ca. 22 000 Einw.) geprägt. Sehenswert sind die Alte Kirche und die Barockkirche in Brockwitz. Die mittelalterliche Karrasburg wurde im 19. Jh. für eine Villa weitgehend abgerissen (heute Stadtmuseum). In der Villa Teresa lebte der Komponist Eugene d'Albert mit seiner Frau, der Pianistin Teresa Carreño. Ihnen zu Ehren gibt es hier Konzerte, Ausstellungen, Vorträge (Kötitzer Str. 30, 01640 Coswig, www.villa-teresa.de).

4 **Meißen 16

Wie ein kleines Prag spiegeln sich Burg und Altstadt von Meißen (knapp 28 000 Einw.) in der Elbe. Die von Heinrich I. 929 gegründete Burg Misni war ein Vorposten der deutschen Ostexpansion im slawisch-sorbischen Gebiet. Seit 965 regieren auf dem Burgberg die Markgrafen von Meißen, 968 zog die Geistlichkeit nach. So wurde Meißen zur »Wiege Sachsens«. Die Stadt, deren Gründung auf das Jahr 1205 zurückgeht, erlebte in den letzten 15 Jahren eine Renaissance. Alte Bürgerhäuser und die berühmte Dachlandschaft erstrahlen in neuem Glanz.

**Burgberg

Die **Albrechtsburg** gilt als einer der bedeutendsten Profanbauten der deutschen Spätgotik. An ihrer Errichtung um 1470 waren fast 1500 Arbeiter beteiligt. Ihre Zellengewölbe und der Wendelstein mit der Wendelsteintreppe stellten bahnbrechende architektonische Leistungen dar. Seit 1881 ist die Burg Museum mit Dauerausstellungen zur Landes- und Schlossgeschichte, insbesondere auch zu der hier von 1710 bis 1863 beheimateten Porzellanproduktion (tgl. 10–17, März–Okt. bis 18 Uhr, 24., 25., 31.12. geschl.). Sehenswert sind die märchenhaft ausgemalten Festsäle. Tradition besitzen die Burgkonzerte im September (Tel. 0 35 21/4 70 70).

Der kleinste Dom Deutschlands, der **Dom zu Meißen**, ist ein stilreiner Bau der Hochgotik. Seinen Turmaufsatz erhielt er jedoch erst 1904–1908. Begonnen wurde der Bau um 1260, die Fürstenkapelle wurde um 1430 vorgesetzt. Sehenswert sind der Altar aus der Cranach-Schule und die Stifterfiguren im Chorraum sowie das Domschatzmuseum mit Preziosen aus der sächsischen Kirchengeschichte (April–Okt. tgl. 9–18, Nov.–März tgl. 10–16 Uhr, letzter Einlass 30 Min. vorher).

Staatliche Porzellanmanufaktur

Die älteste Porzellanmanufaktur Europas hatte ihren Sitz seit dem 18. Jh. in der Albrechtsburg, weil August dem Starken hier das Produktionsgeheimnis für Porzellan am sichersten verwahrt schien. Ab 1863 wurde die Produktion an ihren heutigen Ort im Triebischtal verlegt. Das Museum of MEISSEN® Art präsentiert über 3000 Exponate aus der 300-jährigen Geschichte der Manufaktur, darunter die erste Porzellanorgel. Im modernen Besucherzentrum sind weitere Schauwerkstätten und ein Werksverkauf eingerichtet. Seit Kurzem gibt es hier auch ein Outlet mit rabattierter Ware (Talstr. 9, www.meissen.com, Tel. 0 35 21/46 86 00, Mai–Okt. tgl. 9–18, Nov.–April 9–17 Uhr).

*Altstadt

Rund um den Markt konzentrieren sich die architektonischen Sehenswürdigkeiten. Dominierend wirkt das spätgotische **Rathaus**, das sich bei genauerem Hinsehen als Doppelhaus entpuppt – erkennbar an den unterschiedlichen Fensterhöhen. Auffallend ist das hohe Satteldach (18 m). Der beherrschende Kirchenbau ist die **Frauenkirche,** erstmals 1205 urkundlich erwähnt. Ihren begehbaren Mittelturm ziert das **älteste spielbare Porzellanglockenspiel der Welt** (1929).

 Echt gut!

Im Ernstfall konnte die 1841 als erste Freiwillige Feuerwehr Deutschlands gegründete Meißner Löschmannschaft gerufen werden. Ihr Treffpunkt war das **Bennohaus**, das nach dem im 16. Jh. heilig gesprochenen Meißner Bischof Benno benannt ist. Obwohl seine Renaissancefassade anderes vermuten lässt, ist es eines der ältesten Meißner Häuser.

Einer der schönsten Bürgerbauten ist die **Marktapotheke**. Das **Hirschhaus** schmückt ein sehenswertes Portal aus der Renaissance. Im Haus Markt 3 (Tourist-Information), übernachtete Napoleon kurz vor der Leipziger Völkerschlacht.

Auf halber Höhe des Schlossbergs steht die sehenswerte **St.-Afra-Kirche**. Sie markiert einen der ältesten Teile der Stadt. Bereits im 10. Jh. ließen sich hier, unweit von Bistum und Burg, weltliche und geistliche Dienstadelige nieder. Äußerst prunkvoll repräsentiert der *Jahnaische Freihof die Wohnstätten der Dienstadeligen.

Schloss Proschwitz

Auf dem Hügel, am anderen Elbufer, liegt das über die Katzenstufen (herrlicher Blick!) zu erreichende Schloss Proschwitz, Sitz des gleichnamigen Weinguts (nur zu Veranstaltungen zugänglich). Die preisgekrönten Weine des Prinzen zu Lippe kann man im Gutsverkauf im benachbarten **Zadel** kosten (Tel. 0 35 21/7 67 60, www.schloss-proschwitz.de).

Info

Tourist-Information
Markt 3][01662 Meißen
Tel. 0 35 21/4 19 40
www.touristinfo-meissen.de

In der Staatlichen Porzellanmanufaktur Meißen

Hotels

■ **Welcome Parkhotel**
Hafenstr. 27–31
Tel. 0 35 21/7 22 50
www.welcome-hotel-meissen.de
In einem idyllischen Park am Elbufer,
herrlicher Altstadtblick. ●●●

■ **Goldener Löwe**
Heinrichspl. 6][Tel. 0 35 21/4 11 10
www.goldener-loewe-meissen.com
Charmantes Altstadthotel, mit vielge-
lobtem Restaurant »zenSuR«. ●●●

Restaurants

■ **Domkeller**
Domplatz 9][Tel. 0 35 21/45 76 76
Meißens älteste Gaststätte (seit 1470).
 **Einheimische Gerichte bei bester
Aussicht** von der Freiterrasse. ●●

■ **Restaurant Vincenz Richter**
An der Frauenkirche 12
Tel. 0 35 21/45 32 85
Traditionsreiches Weinlokal mit edlen
Tropfen vom eigenen Weingut. ●●

■ **Café Zieger**
Rote Stufen 5][Tel. 0 35 21/45 31 47

»Meißner Fummel« und andere Backwaren aus hauseigener Konditorei. ●

Diesbar-Seußlitz 🔟

Die »Seußlitzer Heinrichsburg«
ist eine Weinlage, die auch in
Dresden gerne ausgeschenkt wird.
Namensgeber ist ein schlichtes
Gartenhaus (1725). Unterhalb
steht in einem schönen Park mit
Skulpturen das Schloss. Der Barockbau mit angeschlossener Kirche wird, wie auch das Gartenhaus, George Bähr zugeschrieben.
Das Schloss ist in Privatbesitz und
nur unregelmäßig zugänglich.

Restaurant

■ **Seußlitzer Weinstuben**
An der Weinstraße 26
01612 Nünchritz Diesbar-Seußlitz
Tel. 03 52 67/50 23 65
www.weinstube-lehmann.de

Gutsverkauf, Weinproben und deftige Speisen in urigem Ambiente. Schöne Sommerterrasse. Do Ruhetag. ●●

Riesa 18

Zu DDR-Zeiten Stahlstadt, nach der Wende Sportstadt, ist Riesas größte Touristenattraktion heute die Nudel. Im Nudelmuseum des Traditionsunternehmens Teigwaren Riesa kann man zusehen, wie die beliebte Pasta hergestellt wird – natürlich mit Werksverkauf und Restaurant (Gläserne Produktion Mo–Fr 9–17 Uhr, Anmeldung erforderlich: Tel. 0 35 25/72 03 55, www.teigwaren-riesa.de).

Hotel

■ **Spanischer Hof**
Hauptstr. 15 A][01609 Gröditz
Tel. 03 52 63/4 40
www.spanischer-hof.de
Echt gut! **Mediterran anmutende Zimmer und spanische Küche,** 20 km nördlich von Riesa. ●●●

Ausflüge ab Riesa

Zabeltitz 19

Gleich mit zwei Schlössern kann das Dorf Zabeltitz am Nordrand Sachsens aufwarten. Das alte Renaissanceschloss von 1565 war August dem Starken zu altmodisch, so schenkte er es seinem Minister Graf Wackerbarth. Dieser baute auf seinen Grundmauern ein Barockpalais. Der Name Altes Schloss ging auf das prächtige kurfürstliche Stallgebäude daneben über. Ein Spaziergang im weitläufigen Schlosspark bietet immer wieder neue Perspektiven.

Großenhain 20

Das Schloss war lange Ruine und wurde erst kürzlich zum nüchternen Kulturzentrum aufgebaut. Sehenswert in dem schmucken Ort ist die riesige Marienkirche mit ihrem originellen T-förmigen

Schloss Hartenfels in Torgau, eine Vierflügelanlage

Grundriss. Der weite Innenraum erinnert mit seinen Emporen an die Dresdner Frauenkirche.

Schloss Schönfeld 21

Nahe der A13 nach Berlin steht dieses originelle Neorenaissance-schloss, eigentlich ein ehemaliger Gutshof. Ein Förderverein macht den eindrucksvollen Bau zugänglich (Tel. 03 52 48/2 03 60, www.schloss-schoenfeld.de; Führungen März–Nov. So 14, 15, 16, 17 Uhr, werktags nach Anmeldung).

Strehla 22

An der Elbe liegt das geschichtsträchtige Städtchen Strehla. In der spätgotischen Stadtkirche Zum heiligen Leichnam steht eine Kanzel aus Keramik (1565). Das als Burg errichtete Schloss Strehla mit schöner Renaissancefassade ist im Privatbesitz.

Einige Kilometer weiter liegt auf der anderen Elbseite das sehenswerte, heute brandenburgische **Mühlberg** mit seinem historischen Stadtkern.

Torgau 23

Ein Besuch Torgaus ist eine Zeitreise in die Ära Martin Luthers. Die schönste Ansicht der Stadt (ca. 18 000 Einw.) bietet sich, wenn man sich ihr über die Elbbrücke nähert. Das aufwändig restaurierte *Schloss Hartenfels ist das bekannteste Bauwerk Torgaus; es wurde im 16./17. Jh. an der Stelle der mittelalterlichen Burg als repräsentatives Residenzschloss errichtet. Im Inneren ging

der Glanz nach 1815 weitgehend verloren, als die Gebäude unter preußischer Ägide zur Kaserne umgebaut wurden. Im Schlosshof fesselt der Große Wendelstein den Blick. Außerdem lassen zahlreiche Porträts am Schönen Erker die Cranachsche Handschrift erkennen. Im Schloss erinnert eine Dauerausstellung an Torgau und den Fürstenhof der Renaissance. Die 1544 von Luther geweihte Schlosskirche gilt als erster protestantischer Kirchenbau.

In der *Stadtkirche St. Marien ist eines der Hauptwerke Cranachs, der in sächsischen Diensten stand, zu sehen: die Altartafel »Die vierzehn Nothelfer«. Bekanntestes Monument der spätgotischen Hallenkirche ist jedoch die Grabplatte der Katharina von Bora, der Ehefrau Martin Luthers, die 1552 in Torgau verstarb (Besichtigung von Marien- und auch Schlosskirche im Rahmen von Führungen).

Zwischen Schloss und **Altstadt** steht das **Kanzleihaus**, wo sich 1711 Zar Peter von Russland und der Gelehrte Leibnitz trafen. Weiteren Zeugnissen der Geschichte begegnet man im Kulturgeschichtlichen Museum (tgl. 8 bis 18, im Winter bis 17 Uhr). Zeugen der wirtschaftlichen Blüte Torgaus im 16. Jh. sind auch die den Markt umgebenden Renaissancefassaden.

Das **Rathaus** schmückt ein mit Reliefs verzierter Runderker. Im Rathaushof steht der Rest der alten Nikolaikirche mit markanter Westturmfront. In der Altstadt sollte man zudem eine der ältesten Apotheken Kursachsens anschauen (1503 erste urkundl. Erwähnung; Markt 4).

Info

Torgau-Informations-Center
Markt 1][04860 Torgau
Tel. 0 34 21/7 01 40
www.tic-torgau.de

Hotel

Central-Hotel
Friedrichplatz 8][Tel. 0 34 21/7 32 80
www.central-hotel-torgau.de
Seit dem 19. Jh. eine gute Adresse, bietet 38 Zimmer, rustikal möbliert.
●●

Restaurant

Herr Käthe
Katharinenstr. 4
Tel. 0 34 21/77 86 65
www.herrkaethe-torgau.de
Internationale Küche in kleinen historischen Räumen. ●●

Schildau 24

Sie versuchten, das Licht mithilfe von Säcken, Eimern und Kisten in ihr – ohne Fenster erbautes – Rathaus zu tragen und Salz anzusäen; sie versenkten ihre Rathausglocke auf Nimmerwiedersehen und wurden schließlich durch einen »Maushund« um ihre Habe gebracht. Das Vorbild für das literarische Schilda ist Schildau (3600 Einw.) am Rande der Dahlener Heide. Im Mittelalter war es ein recht ansehnlicher Handelsplatz mit geschäftstüchtiger Bürgerschaft. Weil sie eine Zeitlang

ihre Steuern nicht abgeführt hatten, griff 1598 ein kursächsischer Amtmann erbost zur Feder, um die Kleinstädter als Dummköpfe zu brandmarken. Diese »Schildbürgerstreiche« machten die Bürger von Schilda weltberühmt.

Eine Stadtwanderweg mit zwölf Stationen sowie das **Museum der Schildbürger** führen die skurrilen Geschichten vor Augen (Marktstr. 14, Tel. 6 22 31, www.schildbuerger.de; Di–Fr 10–12, 13–16, Sa, So 13.30–16 Uhr).

Nach den Besichtigungen sollte man noch zum **Schildberg** (217 m; ca. 3 km) wandern. Vom Schildbergturm (26 m) sieht man gut über die Dahlener Heide.

Dahlener Heide

Hochwald, Heideland, Auenwiesen und idyllische Teiche bietet die Dahlener Heide. Über 200 km markierte Wanderwege ziehen sich durch das ca. 150 km^2 große Gebiet. In den Heideorten laden Naturfreunde zu Touren ein; weiterhin im Angebot sind Radeln, Reiten und Kremserfahrten.

Ausgangspunkt für Touren in die Dahlener Heide ist **Schmannewitz** 25, Ende des 19. Jhs. eine beliebte Sommerfrische. Der Zoologe Alfred Brehm, der zwischen 1876 bis 1884 oft hier war, hatte das gefördert.

Das ***Schloss Hubertusburg** 26 steht in Wermsdorf jenseits des 312 m hohen Collmbergs am Rande des Wermsdorfer Forstes. August der Starke ging hier zur Jagd und errichtete dafür das größte Barockschloss Sachsens. Die alte Pracht des frisch restaurierten Palastes erschließt sich aber nur von außen und in der Schlosskirche, denn bereits im Siebenjährigen Krieg plünderten es die Preußen.

Weithin überragen die beiden 75 m hohen Türme der nach dem Stadtbrand 1842 erbauten Aegidienkirche das Städtchen **Oschatz** 26. Das Rathaus, ebenfalls von 1842, stammt von Gottfried Semper. Von Oschatz aus fährt der »Wilde Robert«, die Döllnitzbahn (Tel. 03 43 62/ 3 23 43 oder 3 75 41, www.doellnitzbahn.de), 17 km weit nach Kemmlitz.

Im Klosterpark Altzella

Info

Gebietsgemeinschaft Dahlener Heide
Altoschatzer Str. 2][04758 Oschatz
Tel. 0 34 35/97 02 97][www.dahlenerheide-wermsdorferwald.de

Döbeln 28

Sehenswert in dem von Gründerzeitarchitektur geprägtem Städtchen sind die Nicolaikirche (1333), das Rathaus und das Theater. Die **Döbelner Pferdebahn,** eine von Pferden gezogene Straßenbahn, fährt im Sommer am 1. Sa im Monat (www.doebelnerpferdebahn.de; 10–17 Uhr).

Echt gut!

Nossen 28

Auf einem Felssporn über der Freiberger Mulde thront das Städtchen Nossen, das sich mit Kurort Hartha den Titel »Mittelpunkt Sachsens« teilt. Es wird überragt von der Stadtkirche und einem **Renaissanceschloss**. Einen Flügel davon kann man besichtigen: vom Kerker über die Wohnräume bis zum Turm. Verschiedene Ausstellungen präsentieren die Geschichte des Kurfürstlichen Amtes Nossen und die reiche Tierwelt der Region (www.schloss-nossen.de).

Die wichtigste Sehenswürdigkeit Nossens ist der wenige Kilometer entfernte ***Klosterpark Altzella**. Eine Ausstellung erinnert daran, dass diese Zisterzienserabtei, die von Otto von Wettin gestiftet wurde und von 1162 bis 1540 bestand, einst das bedeutendste Kloster Sachsens war. Im 19. Jh. gestaltete man die Anlage in einen romantischen Landschaftsgarten um, die Ruinen malerisch einbeziehend (April–Okt. Di–Fr 10–17, Sa, So 10–18 Uhr, www.kloster-altzella.de).

Oberlausitz und Niederschlesien

Nicht verpassen!

- Das Osterreiten der Sorben
- Einen Spaziergang durch das mittelalterliche Bautzen
- In Görlitz eine Stadt in zwei Ländern entdecken
- Wie einst Fürst Pückler im UNESCO-Welterbe Muskauer Park flanieren

Zur Orientierung

Von Radeberg vor den Toren Dresdens bis zur polnischen Grenze erstreckt sich diese reiche Kulturlandschaft mit Klöstern, Burgen und geschichtsträchtigen Städten, die ihr historisches Stadtbild bewahrt haben wie Bautzen, Görlitz und Zittau. Auch Biere und Liköre haben hier ihre Heimat. Eine Besonderheit ist die Kultur der Sorben.

Touren in der Region

Vom Geistlichen zum Geistigen

— ⑦ — **Dresden ❯ Rammenau ❯ Kloster Marienstern ❯ Kamenz ❯ Pulsnitz ❯ Radeberg**

Länge: 100 km; **Dauer:** 1 Tag
Praktische Hinweise: Die Fahrt lässt sich am besten im Auto bewältigen. Auch wenn das Bier gut schmeckt, sollte sich wenigstens ein Fahrer zurückhalten. Wer Zeit sparen will, nutzt für das erste Stück die Autobahn.

Der Geist Gottes und der Geist des Alkohols: Nirgendwo kamen sich beide näher als in den mittelalterlichen Klöstern. Denn das hier gebraute Bier war oftmals das einzige Getränk, das hygienisch

Das Neue Schloss in Bad Muskau

einwandfrei und damit gesundheitsfördernd war. Und so beginnt und endet diese Tour mit dem Gerstensaft. Ouvertüre dieser kulinarischen Tour ist die Fahrt von ***Dresden ❯ S. 48 über die A 4 (Ausfahrt Burkau) oder B 6 über das nette Städtchen Bischofswerda nach **Rammenau ❯ S. 78** mit seinem idyllisch gelegenen Barockschloss.

15 km sind es von hier aus in das sorbische Panschwitz-Kuckau, das von der Zisterzienserinnenabtei *St. Marienstern ❯ S. 77 dominiert wird. Das Klosterbier wird zwar nicht mehr direkt vor Ort gebraut, aber in der Klosterstube ausgeschenkt.

Entweder isst man bereits hier zu Mittag oder in *Kamenz ❯ S. 76. In der Lessingstadt ist vor allem das Museum der Westlausitz sehenswert.

Vor dem Genuss der leckeren Pulsnitzer Pfefferkuchen sollte man sich bei einem Spaziergang im schönen Ortskern und dem Schlosspark von **Pulsnitz ❯ S. 76** Appetit holen.

Nun heißt es, rechtzeitig in **Radeberg ❯ S. 76** ankommen, um an der Führung durch die berühmte Brauerei teilzunehmen. Abschluss der Führung ist eine Bierverkostung im Kaiserhof. Unbedingt vorher anmelden!

Durch die Dresdner Heide geht es zurück in die sächsische Landeshauptstadt.

Im Dreiländereck

—⑧— Bautzen › Bad Mus-kau › Rietschen › Görlitz › Marienthal › Zittau › Herrn-hut › Löbau › Kirschau › Wilthen › Bautzen

Länge: 240 km; **Dauer:** 3 Tage
Praktische Hinweise: Auto oder Motorrad sind hier die bevorzugten Verkehrsmittel. Mit entsprechend viel Zeit kann man die Tour auch mit dem Fahrrad unternehmen, da einige Teilstrecken den verschiedenen Oberlausitzer Radwegen › S. 18 entsprechen. Und selbst da, wo man auf einer Hauptstraße radeln muss, ist in dem dünn besiedelten Gebiet der Verkehr meist nicht sehr stark.

116 km lang ist die Grenze Sachsens zu Polen. Diese Tour führt zum großen Teil an der Grenze

Oberlausitz / Niederschlesien

entlang, berührt den östlichsten Punkt Deutschlands und das Dreiländereck mit Tschechien.

Zunächst geht es von ****Bautzen >** S. 78 aus in das neue Lausitzer Seenland, bzw. die Landschaft, die es einmal werden soll. Denn noch sind die riesigen Tagebaulöcher nur zum Teil geflutet. Wer sich für den Stadtumbau Ost interessiert, sollte die 20 km Umweg über **Hoyerswerda >** S. 81 nehmen. Der *****Pückler-Park Bad Muskau >** S. 81, nörd-

lichster Punkt Sachsens, ist UNESCO-Welterbe. Nun geht es weiter nach **Rietschen >** S. 82. Wer noch nicht zu Mittag gegessen haben sollte, holt dies hier im Freilichtmuseum nach. Ganz in Deutschlands Osten kommen am Nachmittag Kinder im Freizeitpark »Kulturinsel Einsiedel« auf ihre Kosten **>** S. 82.

Den Abend verbringt man dann bereits in ****Görlitz >** S. 82 – möglichst in einem Altstadthotel. Den nächsten Vormittag wird man brauchen, um all die vielen Schönheiten von Görlitz zu entdecken. Nach dem Mittagessen führt die Fahrt weiter die Neiße aufwärts.

In Ostritz, direkt am Grenzfluss, liegt das barocke ***Kloster Marienthal >** S. 86. In ***Zittau >** S. 86 steht am Nachmittag noch die Besichtigung der beiden Zittauer Fastentücher auf dem Programm. Für die Übernachtung bieten sich die romantischen Unterkünfte im ***Zittauer Gebirge >** S. 87 an. Der dritte Tag führt über das barocke **Herrnhut >** S. 88

🔴 **7**

Vom Geistlichen zum Geistigen
Dresden > Rammenau > Kloster Marienstern > Kamenz > Pulsnitz > Radeberg

---

🔴 **8**

Im Dreiländereck Bautzen >
Bad Muskau > Rietschen > Görlitz >
Marienthal > Zittau > Herrnhut >
Löbau > Kirschau > Wilthen >
Bautzen

nach **Löbau**. Vom **Löbauer Turm** › S. 88 aus genießt man einen weiten Rundblick in die drei Länder.

Wer auch noch einmal in Tschechien gewesen sein möchte, besucht von Zittau aus das 20 km entfernte **Liberec** (ehem. Reichenberg) oder auf dem Weg nach Herrnhut das nette Städtchen **Rumburk** › S. 88.

Nächste Station ist **Kirschau** › S. 81, hier bietet die Körsetherme Entspannung oder Erfrischung.

Im benachbarten **Wilthen** › S. 81 kann man die Schnapsbrennerei und Likörfabrik besichtigen. Die gehaltvollen Getränke sollte man allerdings erst nach der Rückkehr in Bautzen genießen.

Unterwegs in der Region

Radeberg 🔳

Wichtigste Sehenswürdigkeit der Stadt ist natürlich die **Brauerei** (Anmeldung Tel. 0 35 28/45 48 80, www.radeberger.de). Unterhalb des schmucken Marktplatzes steht **Schloss Klippenstein**, eine Wasserburg im Renaissancestil mit kleinem Museum.

Hotel/Restaurant

Kaiserhof Radeberg
Hauptstr. 62][01454 Radeberg
Tel. 0 35 28/4 09 70
www.kaiserhof-radeberg.de
Im Kaisersaal bietet das **Radeberger Biertheater** (**Tel. 0 35 28/48 70 70,** www.biertheater.de) volkstümliche Unterhaltung mit garantiert sächsischem Flair.

Echt gut!

Pulsnitz 🔳

Der Bildhauer Ernst Rietschel wurde in der netten Kleinstadt geboren. Sein Geburtshaus ist heute Galerie (Rietschelstr. 16, 01896 Pulsnitz, Tel. 03 59 55/ 4 42 46, www.ernst-rietschel.com; Di–Fr und So 14–17 Uhr). An ihn erinnert auch eine Kapelle in der spätgotischen Nicolaikirche. In der Weihnachtszeit pilgern Leckermäulchen zu den zahlreichen Pfefferküchlereien und zum Pfefferkuchenmarkt im November. Das Schloss ist heute Klinik, der Park ist aber zugänglich.

Kamenz/ Kamjenc 🔳

Die rund 18 000 Einwohner zählende sorbische Stadt liegt inmitten von grünem Hügelland auf Granituntergrund (»Kamen« heißt auf altsorbisch Stein). 1225 erstmals urkundlich erwähnt, wurde Kamenz 1319 zur »freien Stadt« erklärt. Bekannt wurde es vor allem als Geburtsstadt Gotthold Ephraim Lessings, den ein

Denkmal ehrt. An Lessings Geburtshaus erinnert jedoch nur noch eine Gedenkstätte. Wie die meisten anderen Bauten der Stadt fiel es 1842 dem letzten großen Stadtbrand zum Opfer. Erhalten blieb dagegen die gegenüberliegende spätgotische Hauptkirche ***St. Marien**. Ihr Inneres birgt eine reiche Ausstattung aus dem 15./16. Jh. (Besichtigungen ermöglicht die Superintendentur unterhalb der Kirche, Tel. 0 35 78/ 30 10 20). Einen Besuch lohnt auch die **Katechismuskirche** (1338) an der Stadtmauer. Sie war selbst Teil der Befestigung, wie die Schießscharten am oberen Stockwerk belegen.

Der **Rote Turm** (15. Jh.) ist ein weiteres Fragment der Stadtbefestigung. 117 Stufen muss ersteigen, wer die Aussicht auf die Innenstadt genießen möchte.

Wer etwas über Natur- und Kulturgeschichte der Region, besonders über die Traditionen der Sorben, erfahren möchte, sollte im spätbarocken Ponickauhaus das **Museum der Westlausitz** besuchen (Erlebnisbereich »Elementarium«: Pulsnitzer Str. 16, Tel. 7 88 30; Di–So 10–18 Uhr). Das Schaudepot »Sammelsurium« des Museums befindet sich am Ortsausgang Richtung Hoyerswerda (Macherstr. 14, Mo–Fr 9–16 Uhr; www.museum-westlausitz.de).

Das **Lessing-Museum** widmet sich Wirken und Werk des Klassikers und organisiert die Lessing-Tage im Februar (Lessingpl. 1–3, www.lessingmuseum.de; Di–Fr 9–17, Sa, So, Fei 13–17 Uhr).

Info

Kamenz-Information
Pulsnitzer Str. 11][**01917 Kamenz**
Tel. 0 35 78/37 92 05
www.kamenz.de

Hotel

Hotel Garni Villa Weiße
Poststr. 17][**Tel. 0 35 78/37 84 70**
www.villa-weisse.de
Familiäres Haus in ruhiger Lage. ●●

*Kloster Marienstern ❹

Ein sakrales Zentrum der Sorben ist das Zisterzienserinnen-Kloster St. Marienstern. Die restaurierten barocken Konventsgebäude bieten eine schöne Kulisse für die österliche Reiterprozession. Die dreischiffige, im Innern gotische Hallenkirche kann man außerhalb der Gottesdienstzeiten besichtigen.

*Barockschloss Rammenau ❺

Das Schloss beherbergt das Museum des 1762 hier geborenen Philosophen Johann Gottlieb Fichte. Der Prunkraum des Schlosses ist der Spiegelsaal. Wer einen Eindruck vom Ambiente barocker Festlichkeiten gewinnen möchte, sollte hier ein Kammerkonzert genießen. ==Stimmungsvolle Theatererlebnisse== garantieren auch die Sommerveranstaltungen im Schlosspark (www. barockschloss-rammenau.com,

Tel. 0 35 94/70 35 59; April–Sept. 10–18, Okt.–März So–Fr 10–16, Sa 12–16 Uhr).

5 **Bautzen/ Budyšin** 6

Das Zentrum der Oberlausitz (40 500 Einw.), der erste urkundlich erwähnte Lausitzer Ort, ist berühmt für seinen mittelalterlichen Stadtkern.

*Reichenturm

Obwohl er schief ist, braucht niemand Angst vor dem Aufstieg haben, denn die Neigung des Turms wurde bei 1,44 m seitlicher Abweichung gestoppt. Der Blick vom 56 m hohen Turm ist überaus reizvoll (April bis Okt. tgl. 10 bis 17 Uhr). Durch die belebte Reichenstraße erreicht man den von schönen Barockbauten umrahmten Markt mit dem ***Rathaus**. Dessen ältester Teil der Turm von 1489 ist. Der überwiegende Teil des Baus stammt aus dem Barock.

**Dom St. Petri

Als älteste städtische Pfarrkirche (1293–1497) überragt der Dom mit seiner Grauwackenfassade die Altstadt. Prächtige Ausstattungsstücke sind im katholisch genutzten Chor der marmorne Hochaltar, das lebensgroße Kruzifix von Permoser und das fantasievoll geschnitzte Chorgestühl, während im protestantischen Langhaus die Fürstenloge und der geschnitzte Altaraufsatz auffallen (Mo–Sa 10 bis 17.30, So 13–17.30, Nov. bis

März nur bis 16 Uhr nach Anmeldung: Tel. 0 35 91/36 97 10). Eindrucksvoll sind die Domvespern mit Orgel- und Kammermusik (zwischen Pfingsten und Erntedank Sa 17 Uhr). Einen Besuch lohnt auch die **Domschatzkammer** im rot-weißen Domstift hinter dem Dom (Tel. 0 35 91/3 11 80; Mo bis Fr 10–12, 13–16 Uhr).

*Ortenburg

Bautzens Wahrzeichen auf einem nach drei Seiten steil abfallenden Granitplateau wurde 1144 als Grenzburg der Markgrafen von Meißen zum Schutz der Handelsstraßen angelegt. Im 15. Jh. durch einen Brand zerstört, ließ sie Ungarnkönig Matthias Corvinus, der die Lausitz erworben hatte, im Stil der Spätgotik neu errichten.

Am Neubau des Burgtheaters kann man hinter Glas den Rietschelgiebel bewundern. Ernst Rietschel schuf die klassizistische Figurengruppe einst für die erste Dresdner Semperoper (1841). Sorbische Kultur und Volkskunde vermittelt im ehemaligen Salzhaus das **Sorbische Museum** (Mo–Fr 10–17, Sa, So bis 18 Uhr, im Winter jeweils 1 Std. kürzer).

Museum Bautzen

Im neuen Glanz präsentiert das Haus nicht nur die eindrucksvolle Stadtgeschichte, sondern überrascht mit seiner qualitätsvollen Kunstsammlung mit Werken von Cranach über Carus, Slevogt, Sterl bis Dix (Kornmarkt 1, Tel. 0 35 91/4 98 50; Di–So 10–17, Winter bis 18 Uhr.

*Alte Wasserkunst

Ein weiteres Wahrzeichen und ein Akzent in der Silhouette Bautzens ist die Alte Wasserkunst, eine technische Meisterleistung ihrer Zeit (1558).

Im Untergeschoss des Wasserturms steht das Schöpfwerk, mit dem im 19. Jh. das Trinkwasser aus der Spree in die Burgstadt hinauf gepumpt wurde (tgl. 10–17, Nov.–März bis 16 Uhr, Jan. nur So). Der Turm (47 m) bietet eine prächtige Aussicht.

Gedenkstätte

Berüchtigt war zu DDR-Zeiten das »Gelbe Elend«, die 1900 bis 1903 aus gelbem Backstein erbaute Sächsische Justizvollzugsanstalt Bautzen I. Während diese noch als Gefängnis dient, ist der »Stasi-Knast« Bautzen II heute Gedenkstätte für die Opfer politischer Gewalt während der sowjetischen Besatzung und dem SED-Regime.

Zu besichtigen sind der Zellenbau, die Außenanlagen und Ausstellungsräume (Weigangstr. 8 a, Tel. 0 35 91/4 04 74; Di–Do 10 bis 16, Fr bis 20, Sa, So bis 18 Uhr).

Info

Tourist-Information
Hauptmarkt 1
02625 Bautzen
Tel. 0 35 91/4 20 16
www.bautzen.de

Hotels

■ **Schlosshotel Gaußig**
An der Kirche 2
02633 Doberschau-Gaußig

Wappen am Dom St. Petri in Bautzen

Tel. 03 59 30/5 52 27
www.schloss-gaussig.de
Luxus und Wellness im alten Schloss ca. 15 km von Bautzen entfernt, **Badesee für Hotelgäste im großen Landschaftspark.** ●●●

■ **Alte Gerberei**
Uferweg 1
Tel. 0 35 91/27 23 90
www.hotel-alte-gerberei.de
Modernes Interieur in einem über 300 Jahre alten Barockhaus. ●●

■ **Schloss-Schänke**
Burgplatz 5
Tel. 0 35 91/30 49 90
www.schloss-schaenke.net
Romantisches Barockhaus, auch Gästezimmer im nah gelegenen Stadtturm. ●●

Restaurants

■ **Mönchshof**
Burglehn 1
Tel. 0 35 91/49 01 41
www.moenchshof.de
Mittelalter-Erlebnisrestaurant. ●●

■ **Wjelbik**
Kornstr. 7][Tel. 0 35 91/4 20 60
www.wjelbik.de
Sorbische Spezialitäten. ●

Deutsch-Sorbisches Volkstheater
Seminarstr. 12
Tel. 0 35 91/58 42 25
www.theater-bautzen.de
Das einzige »bikulturelle« Theater
Deutschlands.

Badeparadiese

■ Erlebnisse für alle Sinne finden
Besucher in der **Toskana-Therme
Bad Schandau** › S. 61.
■ Wahlweise Entspannung in der
Sauna- oder Vergnügen in der Bade-
landschaft bietet das **Aqua Marien**
in Marienberg › S. 105.
■ Kirschau in der Lausitz lockt mit
dem Sole-, Freizeit- und Wellnessbad
Körse-Therme › S. 81.
■ In den **Badegärten Eibenstock**
geht die Reise vom Schwitzbad im
Bottich bis zum japanischen Onsen-
Garten › S. 114.
■ Entspannen in den Thermen oder
den verschiedenen Saunen lässt es
sich in der **Silbertherme Warmbad
Wiesenbad** › S. 106.
■ Baden, Fitness und Wellness im
schönen Jugendstilbad, das kann man
im **Johannisbad Zwickau** erleben
› S. 112.
■ Das **Kur- und Freizeitbad Riff** bei
Grimma kombiniert die Vorzüge von
Solekur-, Spaß- und Wellnessbad.
Am Riff 3][**04651 Bad Lausick**
Tel. 03 43 45/71 50
www.freizeitbad-riff.de

■ **Töpferei Drosselbart**
Schlossstr. 4][Tel. 46 01 49
Ansprechende Keramik.
■ **Wochenmarkt**: Di, Do und Sa
auf dem **Hauptmarkt**.

Ausflüge
ab Bautzen

Kleinwelka **7**

Im Ortsteil Kleinwelka gibt es
mit dem **größten Irrgarten**
**Deutschlands, dem Miniaturen-
park und dem Saurierpark** gleich
drei Attraktionen für Familien
(Irrgarten Tel. 03 59 35/2 05 75;
Mitte März bis Okt. 9–18 Uhr,
während der Sommerferien bis
19 Uhr; Miniaturenpark nebenan;
www.irrgarten-kleinwelka.de,
Saurierpark, Tel. 03 59 35/30 36,
www.saurierpark.de; April–Okt.
tgl. 9–18, Juni–Aug. 9–19 Uhr).

Czorneboh **8**

Der Gipfel Czorneboh (561 m) ist
nur per pedes erreichbar. 13 km
sind es auf dem markierten Wan-
derpfad (roter Querbalken), nur
2 km vom nächstgelegenen Parkplatz aus. Nicht nur der Aussichtsturm lohnt die Mühe des Auf-
stiegs, sondern auch der urige
Gasthof.

Berggasthof Czorneboh
Bergstr. 44][02733 Cunewalde
Tel. 03 58 77/2 43 25
www.berggasthof-czorneboh.de
Okt.–März Di Ruhetag
Oberlausitzer Küche, Kuchen, Eis. ●●

Kirschau 🄈

Der im 19. Jh. durch Textilindustrie reich gewordene Ort zieht vor allem durch die **Körse-Therme** Besucher an (Badweg 3, www.koerse-therme.de, Tel. 0 35 92/51 58 30).

Echt gut!

Hotel

Bei Schumann
Bautzener Str. 20][**02681 Kirschau**
Tel. 0 35 92/52 00
www.bei-schumann.de
Wellnesshotel **mit atemberaubendem Spa** und Gourmetrestaurant. ●●●

Echt gut!

Wilthen/Wjelečin 🄉

Wilthen ist berühmt für seine Weinbrände, Kräuterbitter und Liköre. Die große Brennerei gegenüber dem historischen Ortskern können Gruppen nach Voranmeldung besichtigen. Mehr Informationen beim Touristbüro (Tel. 0 35 92/38 54 16, www.wilthen.de).

Restaurant

Erbgericht Tautewalde
02681 Wilthen-Tautewalde
Haus 61][**Tel. 0 35 92/3 83 00**
www.tautewalde.de
Ziel für Feinschmecker. ●●●

Hoyerswerda/Wojerecy 🄋

Zu DDR-Zeiten galt die Stadt als Musterbeispiel für den Aufschwung durch Großindustrie. Heute hat Hoyerswerda als Stadt mit dem stärksten Einwohnerschwund seit der Wende traurige Berühmtheit erlangt. Während in der Neustadt ein Plattenbau nach dem anderen abgerissen oder umgestaltet wird, ist die schmucke Altstadt liebevoll restauriert worden. Lohnenswert ist ein Besuch der Johanniskirche am Markt und der Häuserzeile »Lange Straße« mit netten Lädchen und Gaststätten.

Das ehemalige Braunkohlerevier nördlich der Stadt verwandelt sich in Europas größtes künstliches Seenland. Einige Seen, vor allem auf brandenburgischem Gebiet, haben bereits jetzt schon hohen Freizeitwert (www.lausitzerseenland.de).

6 ***Pückler-Park Bad Muskau 🄌

Ludwig Heinrich Hermann Fürst von Pückler-Muskau verwirklichte hier ab 1815 seine Gartenträume. Seine Parkanlage im Stil eines englischen Landschaftsgartens gilt als eine der schönsten in Deutschland. 370 ha, die nach dem Zweiten Weltkrieg an Polen fielen, verwilderten jahrzehntelang und sind jetzt als Naturschutzgebiet ausgewiesen. Auf deutscher Seite wurde der Park (200 ha) in Fürst Pücklers Sinn gepflegt, ein einzigartiges Gartendenkmal, das sich auf 27 km Wegen erkunden lässt. Das kriegszerstörte Schloss wird kontinuierlich wieder aufgebaut. Seit 2004 ist der grenzüberschreitende Park UNESCO-Weltkulturerbe.

Info

Bad Muskau-Touristik
Schlossstr. 6][02953 Bad Muskau
Tel. 03 57 71/5 04 92
www.badmuskau.info

Zwischen Bad Muskau und Görlitz

30 km nordwestlich von Görlitz, an der B 115, wurde die Schrotholzhaussiedlung **Rietschen** 13, ein lebendiges Museumsdorf, erbaut. Die Schrotholzhäuser mussten dem Braunkohlenabbau weichen (Tel. 03 57 72/4 02 35, www.erlichthof.de).

Der originelle Freizeitpark **Kulturinsel Einsiedel** 14 direkt an der polnischen Grenze steht für Abenteuer in der Natur. Markenzeichen ist die künstlerische Holzgestaltung, die den gesamten Park durchzieht.

Hotel

BaumhausHotel
im Freizeitpark
02829 Neißeaue/OT Zentendorf
Tel. 03 58 91/49 10
www.kulturinsel.de

Echt gut! In den acht **Hütten, die in rund zehn Meter Höhe in den Baumwipfeln thronen,** haben jeweils bis zu sechs Personen Platz. ●●—●●●

Restaurant

Forsthaus
Am Erlichthof 1][02956 Rietschen
Tel. 03 57 72/4 05 62
www.forsthaus-erlichthof.de
Regionale und schlesische Küche. ●

Görlitz 15

7 In der **Görlitzer Altstadt** sind ca. 3500 Baudenkmäler fast aller Stilepochen zu finden. Im Zweiten Weltkrieg unversehrt geblieben, zu DDR-Zeiten stark vernachlässigt, präsentieren sie sich weitgehend in frischem Glanz. Seit 1945 ist Görlitz (ca. 55 000 Einw.) zweigeteilt. Die Neiße trennt den Ostteil, das heute polnische Zgorzelec, vom deutschen Stadtgebiet im Westen.

*Gründerzeitviertel

Wie Berlin vor dem Zweiten Weltkrieg zeigt sich Görlitz in seinen südlich der Altstadt gelegenen Gründerzeitvierteln. Die schönsten Häuser stehen zwischen Bahnhof und Postplatz, an der Berliner Straße (Straßburgpassage), am Wilhelmsplatz oder rund um den Stadtpark (Synagoge von 1911). Kein Wunder, dass auch Hollywood Görlitz als Filmkulisse entdeckt hat. Das derzeit geschlossene *Kaufhaus (1912) am Marienplatz ist das einzige im Originalzustand erhaltene Beispiel früher Warenhausarchitektur in Deutschland. Daneben duckt sich die gotische **Frauenkirche** Ⓐ (April–Okt. 10–18 Uhr, Nov. bis März 10–12 Uhr).

*Obermarkt

Barockfassaden prägen den langen Platz. Eine der schönsten besitzt das **Napoleonhaus** (1717) Ⓑ mit seinem geschwungenen Balkon auf säulenflankiertem Portal. In dem prächtigen Haus logierten außer Napoleon auch Zar Alexander I. und August der Starke.

Vom **Reichenbacher Turm** C lässt sich die **Görlitzer Altstadt aus der Vogelperspektive** erkunden. Beim Aufstieg kann man Zeugnisse der Stadtgeschichte studieren (Mai–Okt. Di–So 10 bis 17 Uhr). An der Rückseite des Turms steht der **Kaisertrutz** D, ein Rundbau mit bis zu 4,5 m dicken Mauern. Seinen Namen ver-

Echt gut!

dankt er der Tatsache, dass er im Dreißigjährigen Krieg dem Ansturm der kaiserlichen Truppen widerstand. Eine Dauerausstellung zeigt hier die Stadtgeschichte (www.museum-goerlitz.de).

Als Hauptsehenswürdigkeit in Görlitz gilt die ***Dreifaltigkeitskirche** E. Ihr kostbarster Schatz ist ein geschnitzter und vergoldeter Flügelaltar in der Barbarakapelle; der Kreuzgang zeigt schö-

A Frauenkirche	**E** Dreifaltigkeitskirche	**I** St. Peter und Paul
B Napoleonhaus	**F** Rathauskomplex	**J** Schönhof
C Reichenbacher Turm	**G** Ratsapotheke	**K** Naturkundemuseum
D Kaisertrutz	**H** Meridianstein	**L** Heiliges Grab

Die Uhren am Rathausturm
stammen aus dem 16. Jh.

ne Deckenmalereien (April–Okt.
10–18, Nov.–März 10–16 Uhr).

**Untermarkt

Das mittelalterliche Verwaltungs-
und Handelszentrum der Stadt
wird westlich vom **Rathauskom-
plex** ❻ begrenzt, der Gebäude
unterschiedlicher Stilepochen
umfasst. Das älteste ist der Turm-
unterbau (1369 erwähnt). Auffallend sind die zwei Uhren des
Turms; der Zeiger der oberen
zeichnet die Mondphase nach.
Berühmtestes Rathausdetail ist
die Freitreppe, die sich um die
Justitiasäule (1591) windet und in
der Verkündigungskanzel endet.
Der Platz wird durch eine Reihe
Barockhäuser, die »Zeile«, geteilt.
Die Mitte ziert der Neptunbrun-
nen (1756). An böhmische Städte

erinnern die Arkadenbögen der
teilweise reich verzierten Renais-
sancehäuser an der Südseite.

Im ***Barockhaus** Neißstraße 30
sind originale Wohnräume und
eine barocke Bibliothek erhalten
(Tel. 67 14 10; Di–So 10–17 Uhr,
www.museum-goerlitz.de). An
der Nr. 29 zeigt die Fassade des
Biblischen Hauses Szenen aus
dem Alten und Neuen Testament.

Eine doppelte Sonnenuhr
kennzeichnet die **Ratsapotheke**
(1550) ❻. Den Ratsherren war
ein Stundenzifferblatt zu wenig –
sie verlangten ein zweites, das die
Zeit nach Planeten und Tierkreis-
zeichen angibt. Ob sie schon ahn-
ten, dass Sonnenuhren nirgends
so genau gehen wie im exakt auf
dem 15. Meridian östlicher Länge
liegenden Görlitz? Den Verlauf
des Meridians markiert der Meri-
dianstein im Stadtpark ❽.

*Pfarrkirche St. Peter
und Paul ❶

Licht erscheint das Innere der
doppeltürmigen Hallenkirche des
15. Jhs. Sehenswert ist die spätgotische Krypta, hörenswert die
»Sonnenorgel« (1803) des kaiserlichen Orgelbauers Casparini
(Mai–Okt. Di, Do, So 12 Uhr Or-
gelmeditation). Von der Kirche
aus ist die neue Altstadtbrücke zu
sehen, über die man ins polnische
Zgorzelec spazieren kann.

Zgorzelec

Wichtigste Sehenswürdigkeiten in
den polnischen ehemaligen Vor-
orten von Görlitz sind das Dom
Kultury, die ehemalige Oberlau-

sitzer Ruhmeshalle Kaiser Wilhelms II. von 1902 und das Haus des Philosophen Jakob Böhme.

Museen

Das ***Schlesische Museum** informiert über Geschichte und Kultur der Region. In den Museumskomplex wurde auch der mit Arkaden geschmückte **Schönhof** ❿ einbezogen (Brüderstr. 8, Tel. 8 79 10, www.schlesisches-museum.de; Di–So 10–17 Uhr). Das **Kulturhistorische Museum** zeigt im Kaisertrutz (❯ S. 83) seine Ausstellung zur Stadtgeschichte. Weitere Abteilungen sollen folgen.

Das **Senkenberg Museum für Naturkunde** ❿ stellt die Görlitzer Stadtlandschaft und die Tierwelt der Oberlausitz vor (Am Museum 1, www.natur kundemuseum-goerlitz.de, Tel. 47 60 52 20; Di–So 10–17 Uhr).

Nahe der Nicolaikirche erinnert das Spielzeugmuseum an die guten alten Zeiten (Rothenburger Str. 7, Tel 40 58 70; Mi–Fr 10–12, 14–16, Sa, So 14–17 Uhr).

Außerhalb der Altstadt

Das **Heilige Grab** ❿ ist eine Nachbildung der Heiligen Stätte in Jerusalem (1481–1504; Mo–Sa 11 bis 18, Winter bis 16 Uhr, Tel. 0 35 81/31 58 64). Im **Park am Weinberg** kann man mit einer Oldtimer-Parkeisenbahn fahren (März–Juni, Sept./Okt. Sa 13.30 bis 17, So, Fei 10–17, Juli/Aug. bis 18 Uhr).

Der **Naturschutztierpark Görlitz** wurde als einer der schönsten Kleinzoos ausgezeichnet (Zittauer Str. 43, 02826 Görlitz, Tel. 0 35 81/ 40 74 00, www.tierpark-goerlitz. de; Sommer 8–18 Uhr, Winter bis Dämmerung).

Info

Görlitz-Information
Obermarkt 32][**02826 Görlitz**
Tel. 0 35 81/4 75 70
www.europastadt-goerlitz.de

Hotels

■ **Schwibbogen**
Obermarkt 34
Tel. 0 35 81/8 77 78 90
www.hotel-schwibbogen.com
Modern eingerichtet. Wandmalerei des 16. Jh. im Frühstücksraum. ●●

■ **Frenzelhof**
Untermarkt 5][**Tel. 0 35 81/42 08 72**
www.frenzelhof.de
Altstadthotel in einem gotischen Hallenhaus von 1500. ●●

■ **Tuchmacher**
Peterstr. 8][**Tel. 0 35 81/4 73 10**
www.tuchmacher.de
Renaissancebau in der Altstadt mit modernem Komfort. ●●

■ **Zum Grünen Tor**
Schulstr. 8a][**Tel. 0 35 81/79 20 34**
www.gruenes-tor.de
Individuelle Öko-Pension. ●

Restaurants

■ **Destille**
Nikolaistr. 6][**Tel. 0 35 81/40 53 02**
www.destille-goerlitz.de
Schlesische Spezialitäten, historisches jüdisches Bad im Keller. ●●

■ **Dreibeiniger Hund**
Büttnerstr. 13][**Tel. 0 35 81/42 39 80**
www.dreibeinigerhund.de
Regionale Küche in barockem Handwerkerhaus. ●●

Nightlife

Theater Görlitz
Demianiplatz 2][Tel. 0 35 81/4 74 70
www.theater-goerlitz.de
Das schöne, 1851 eingeweihte Theater
hat alle Bühnengenres im Repertoire.

*Kloster Marienthal

Auf dem Weg an der Neiße entlang nach Zittau liegt St. Marienthal. Das älteste deutsche Frauen-
kloster des Zisterzienserordens
besteht seit 1234 ununterbrochen.
Die heutige Anlage stammt überwiegend aus dem Barock und
dem 19. Jh. Die restaurierte Anlage ist innen heute nur noch im
Rahmen von Führungen zugänglich (Tel. 03 53 23/7 73 68, www.
kloster-marienthal.de; Übernachtung in Gästehäusern mögl.).

*Zittau

Ein Grüngürtel rund um den Alt-
stadtkern verleiht Zittau (28 000
Einw.) ein heiteres Flair. Der markierte »Kulturpfad« berührt zahlreiche kostbare Bauten aus Gotik,
Renaissance, Barock und Klassi-
zismus. Immerhin war Zittau im
17. Jh. nach Leipzig die reichste
Stadt Sachsens, was durch viele
architektonische Details belegt
wird – ob Erker, Türstöcke oder
Brunnen. Der schmiedeeiserne
Grüne Born (1679) vor dem
Stadtmuseum gilt als der schönste. Das ***Rathaus** (nach Schinkel-
Entwürfen), Bürgerhäuser wie das
Noacksche Haus (Nr. 4) mit sei-

ner reichen Barockfassade, die im
Rokokostil gestaltete Fürstenher-
berge, die Stadtapotheke und der
Marsbrunnen machen den Markt
zum schönsten Platz der Stadt.
Auch die klassizistische **Johanniskirche** lohnt einen Besuch (Aussichtsturm: Mo–Fr 12–18, Nov.
bis März 10–16.30; Sa, So 10 bis
16 Uhr).

Im interessanten ***Stadtmuseum** im einstigen Franziskaner-
kloster imponieren die Sammlung
alter Handwerkskunst sowie das
*Kleine Zittauer Fastentuch
(www.zittauer-fastentuecher.de;
April–Okt. tgl. 10–17 Uhr, Nov.
bis März Mo geschl.). Größter
Schatz der Stadt ist das ***Große
Zittauer Fastentuch von 1472** in
der Friedhofskirche zum Heiligen
Kreuz (April–Okt. tgl. 10–18,
Nov.–März Di–So 10–17 Uhr).

Info

Tourist-Information
Markt 1][02763 Zittau
Tel. 0 35 83/75 21 37][www.zittau.de

Hotel

Schlosshotel Althörnitz
**Zittauer Str. 9][02763 Bertsdorf-
Hörnitz][Tel. 0 35 83/55 00**
www.schlosshotel-althoernitz.de
Schön restauriertes Schloss von 1654
mit großem Schlosspark. ●●

Restaurant

Galeriecafé Ambiente
Dr.-Brinitzer-Str. 10
Tel. 0 35 83/51 44 91
www.galeriecafe-ambiente.de
Kulinarisches und Süßes in liebevoll
restaurierter Gründerzeitvilla. ●●

8 *Zittauer Gebirge

Mit der Schmalspurbahn erreicht man in knapp einer Stunde von Zittau das Zittauer Gebirge, das mit dem Oybin als bekanntestem Berg zu den traditionsreichsten Feriengebieten Sachsens zählt. Mit über 300 km markierten Wegen ist es ein ideales Wanderrevier. Dichte Mischwälder wechseln mit bizarren Sandsteinfelsen, mit vulkanischen Kuppen und Steingebilden, die an Fabelwesen oder Tiere erinnern – wie z. B. die »Brütende Henne«. Bergsteiger erklimmen die Gipfel; genau 82 sind es mit 1170 Kletterwegen aller Schwierigkeitsgrade. Im Winter warten prächtige Hänge und Loipen auf Skisportler.

In den Orten am Fuße der Berge stehen noch viele der malerischen Umgebindehäuser. Diese originelle volksarchitektonische Schöpfung vereint die Blockstube der slawischen Urbevölkerung mit deutschem Fachwerk. Der Bewahrung dieser Bautradition widmet sich eine Initiative in Zittau (Tel. 0 35 83/72 11 09, www.umgebindeland.de).

*Oybin 18

Der bekannteste Kurort im Zittauer Gebirge ist vor allem durch den gleichnamigen Berg und das Ruinenensemble bekannt, das ihn krönt. Dort präsentiert sich wie einst von Caspar David Friedrich gemalt die ***Ruine der gotischen Klosterkirche**. Seit 1850 werden

Die Schmalspurbahn Zittau–Oybin

in dem sakralen Gemäuer sommerliche Konzerte aufgeführt.

Kulturelle Höhepunkte der Region sind die **Abendkonzerte bei Kerzenschein** im barocken Bergkirchlein am Fuße des Oybin (Mai–Sept. Sa 19 Uhr) und die sagenumwobenen abendlichen Burg- und Mönchszüge im Fackelschein (Mai bis Anfang Okt. samstagabends, jeweils im Wechsel). Bei Groß und Klein beliebt sind die Ritterspiele im Mai und Okt. (Tel. 03 58 41/3 56 38, www.oybiner-ritterspiele.de).

Zum Gipfelplateau kann man von Oybin in etwa einer halben Stunde spazieren. Die Aussicht vom Bergringweg dürfte jeden begeistern. Ein Berggasthof bietet solide Kost und gemütliche Rastplätze.

Info

Touristinformation
Hauptstr. 15][02797 Oybin
Tel. 03 58 44/7 33 11
www.oybin.com

Parkhotel
Straße der Jugend 4][**Tel. 71 20**
www.parkhotel-oybin.de
Komfort in einer Villa von 1907. ●

Hochwaldbaude
Hochwaldweg 6
Tel. 03 58 44/7 02 32
www.hochwaldbaude.de
Die älteste Berggaststätte im
Zittauer Gebirge, mit Pension. ●

Jonsdorf 🄳

Der Luftkurort **Jonsdorf** lockt u.a.
mit einer Freilichtbühne im Wald
sowie einem Freizeit- und Eislauf-
zentrum (Tel. 03 58 44/7 06 16,
www.jonsdorf.de). Im Schmetter-
lingshaus können auch Reptilien
bestaunt werden (Zittauer Str. 24,
www.schmetterlingshaus.info, Tel.
03 58 44/7 64 20). Die **Lausche**,
mit 793 m der höchste Berg der
Oberlausitz, bietet einen einmaligen Ausblick. Die ***Mühlstein-
brüche** sind ein wildromantisches
Naturschutzgebiet.

Schluckenauer Zipfel

Im Grenzort **Seifhennersdorf** 🄴
stehen einige Umgebindehäuser.
In Großschönau erinnert das
Deutsche Damast- und Frottier-
museum an die große Textilge-
schichte der Region (Mai–Okt.
Di–So 10–12, 14–17 Uhr, im
Winter verkürzt, Tel. 0 35 58 41/
3 54 69). Von hier aus lohnt der
Ausflug in die sog. Schluckenau-
er Zipfel (Tschechien). Vor allem
Rumburk (Loretokapelle, Marktplatz mit Dreifaltigkeitssäule),
und **Varnsdorf** sind sehenswert.
An der Grenze zu Neugersdorf, in
Filipov (Philippsthal) steht eine
große Wallfahrtskirche.

Herrnhut 🄾

Die 1727 gegründete Evangelische
Herrnhuter Brüdergemeine war
in der Mission aktiv. Was die Mis-
sionare aus aller Welt mitbrach-
ten, ist im **Völkerkundemuseum**
(Goethestr. 1, Tel. 03 58 73/24 03,
Di–Fr 9–17 Uhr, Sa, So, Fei 9–12,
13.30–17 Uhr) zu bestaunen. In
dem barock geprägten Ort werden seit dem 19. Jh. auch kunst-
volle Papiersterne gefertigt, die
zur Adventszeit Kirchen und
Wohnungen schmücken.

*Löbauer Turm 🄿

Wichtigste Attraktion der schmucken Kleinstadt Löbau/Lubij ist
der Friedrich-August-Turm. Der
gusseiserne Aussichtsturm (28 m)
ist ein **Meisterwerk der Eisengie-
ßerkunst.** 1854 wurde er auf dem
Löbauer Berg aus Hunderten von
Gussteilen zusammengesetzt – bis
heute einzigartig in Europa (nur
zu Fuß zu erreichen; ca. 1 km).
Das **Haus Schminke** (Kirsch-
allee 1b, www.hausschminke.de,
Tel. 0 35 85/86 21 33; Di–So 10
bis 17, Nov.–Feb. ab 13 Uhr) gilt
als eines der Hauptwerke des Architekten Hans Scharoun.

Echt gut!

Bergparade in Marienberg

Erzgebirge und Vogtland

Nicht verpassen!

- In einem der zahlreichen Schaubergwerke dem Erzgebirge auf den Grund gehen
- Domführung in Freiberg mit Demonstration der Silbermann-Orgel
- Holzkunst in Seiffen oder Olbernhau
- Schwimmen im Zwickauer Jugendstil-Johannisbad, der schönsten Schwimmhalle Sachsens
- Einen Blick auf die Göltzschtalbrücke

Zur Orientierung

Das **Erzgebirge** ist durch Silber reich geworden, noch heute ist das mittelalterlichen Städtchen wie Freiberg oder Annaberg-Buchholz anzusehen. Nicht nur die Bergbautraditionen leben weiter, auch das Kunsthandwerk wird gepflegt. Die Stadt Chemnitz steht für die Moderne. Freien Eintritt und zahlreiche weitere Ermäßigungen bei Sehenswürdigkeiten gewährt die **ErzgebirgsCard** (www.erzgebirgscard.com).

Das Vogtland lockt mit reizvoller Natur, alten Burgen und mondänen Heilbädern. Der Bogen spannt sich vom Bäderwinkel im Dreiländereck Bayern-Böhmen-Sachsen bis in die Vogtländische Schweiz. Mit dem Musikwinkel, hier vor allem Markneukirchen und sein Musikinstrumentenmuseum und Klingenthal mit seinen Instrumentenbauern, besitzt das Vogtland eine auch eine international bedeutende Attraktion.

Touren in der Region

Im Osterzgebirge

— 9 —   Dresden › Tharandt › Frauenstein › Seiffen › Saigerhütte › Altenberg › Dresden

Länge: 180 km
Dauer: 1–2 Tage
Praktische Hinweise: Das Osterzgebirge ist durch eine Vielzahl von Bus- und Bahnlinien erschlossen. Bergab ist auch das Fahrrad eine gute Ergänzung, zumal man das Rad in alle Nahverkehrszüge und auch einige Busse mitnehmen kann. Dennoch ist die Tour mit dem Auto am komfortabelsten.

Echt gut!

Zum Spielzeugmuseum in Seiffen gehört auch eine Schauwerkstatt

Handwerkskunst ist das Haupt-
thema dieser Tour. An der Stadt-
grenze von ***Dresden › S. 48,
in Freital-Potschappel, erlaubt die
Dresdner Porzellanmanufaktur
› S. 95 einen Blick auf die Arbeits-
plätze. In **Tharandt** › S. 95 kann
man im *Forstbotanischen Garten** die unterschiedlichsten Ge-
hölze kennen lernen, bevor man
in **Frauenstein** › S. 97 auf der
Burg erlebt, wie Gottfried Silbermann sie beim Orgelbau verwen-
det hat.

Was man noch alles aus Holz
schnitzen, sägen oder drechseln
kann, wird in den zahlreichen
Schauwerkstätten der Erzgebirgischen Volkskunst in **Seiffen**
› S. 97 deutlich. Wichtigste Sehenswürdigkeit in **Olbernhau**
› S. 97 ist das Industriedenkmal
*Saigerhütte** › S. 98. In schmucken Fachwerkhäusern kann man
hier komfortabel übernachten.

Am zweiten Tag geht es weiter
nach **Altenberg** › S. 96. Je nach
Wetterlage empfiehlt sich eine
Wanderung oder Skifahren (sowohl Langlauf als auch Abfahrtski
möglich), danach ein Aufwärmen
in der Therme. Romantisch ist die
Fahrt immer bergab durch das
Müglitztal.

Das malerische **Geising, Lauenstein** mit romantischem Schloss
› S. 97, **Bärenstein** mit Burgruine,
die Uhrenstadt **Glashütte** › S. 58
und **Schloss   Weesenstein**
› S. 58 säumen die Straße. Bei
Dohna und Heidenau öffnet sich
das enge Tal zur Elbe hin, und nur
noch wenige Kilometer sind es
zurück nach Dresden.

Die Saigerhütte diente der Kupfer-
verarbeitung und Silbergewinnung

Höhepunkte der Silberstraße

—⑩— **Dresden › Freiberg ›
Marienberg › Wolkenstein ›
Wiesa-Wiesenbad › Anna-
berg-Bucholz › Oberwiesen-
thal › Schwarzenberg ›
Schneeberg**

Länge: 170 km
Dauer: 2–3 Tage
Praktische Hinweise: Gemütliche Autotour entlang der
ersten sächsischen Ferien-
straße. Rückreise nach Dresden über die A 72/A 4.

In zahlreichen Schaubergwerken kann man erfahren, wie hart der Reichtum Sachsens erarbeitet werden musste. Auffallend sind auf dieser Tour die prächtigen Kirchen, die selbst in kleinen Städten von einstigem Wohlstand zeugen. Im Dezember säumen Lichterbögen und Weihnachtspyramiden die Strecke und ziehen Bergparaden Besucher an.

Fast einen ganzen Tag braucht man, um **＊＊Freiberg** ❭ S. 98 mit seinen Schätzen unter- und übertage zu entdecken. Weiter geht es am nächsten Tag mit Halt auf dem schönen Marktplatz von **Marienberg** ❭ S. 105 und im romantischen **Wolkenstein** ❭ S. 106 nach **Wiesa-Wiesenbad** ❭ S. 106, wo man in der schönen Therme nach der Autofahrt ausspannen kann.

—9—

Im Osterzgebirge
Dresden ❭ Tharandt ❭ Frauenstein ❭ Seiffen ❭ Saigerhütte ❭ Altenberg ❭ Dresden

—10—

Höhepunkte der Silberstraße
Dresden ❭ Freiberg ❭ Marienberg ❭ Wolkenstein ❭ Annaberg-Bucholz ❭ Cranzahl ❭ Oberwiesenthal ❭ Schwarzenberg ❭ Schneeberg

—11—

Im Erzgebirgsvorland Chemnitz ❭ Lichtenwalde ❭ Augustusburg ❭ Zschopau ❭ Chemnitz

—12—

Musik und Bäder
Klingenthal ❭ Markneukirchen ❭ Bad Elster ❭ Plauen ❭ Mylau ❭ Reichenbach ❭ Zwickau

*Annaberg-Buchholz ❭ S. 106 mit der mächtigen **Annenkirche ist nächstes Etappenziel. Ist es noch früh am Abend, so lohnt die Weiterfahrt nach *Oberwiesenthal ❭ S. 108, um am oder auf dem *Fichtelberg zu übernachten.

Am dritten Tag stehen noch die Bergbaustädtchen *Schwarzenberg ❭ S. 109 und *Schneeberg ❭ S. 109 auf dem Programm.

Im Erzgebirgsvorland

⑪ Chemnitz ❭ Lichtenwalde ❭ Augustusburg ❭ Zschopau ❭ Chemnitz

Länge: 51 km; **Dauer:** 1 Tag
Praktische Hinweise: Die Autotour ist ein schöner Tagesausflug von Chemnitz aus.

Erzgebirge und Vogtland

Das Alte Rathaus in Plauen

Die kleine Rundreise erlaubt einen abwechslungsreichen Überblick über das Erzgebirgsvorland. Vom großstädtischen *Chemnitz ❯ S. 101 aus geht es zunächst nach *Lichtenwalde ❯ S. 104 mit seinem idyllisch gelegenen Barockschloss. Man folgt nun der Zschopau bis zum Industrieort Flöha und von hier aus bergauf nach **Augustusburg ❯ S. 105. Bis man alle Ausstellungen auf der Burg gesehen hat und durch das kleine Städtchen geschlendert ist, sind schnell zwei bis drei Stunden vergangen. Durch schöne Wald- und Wiesenlandschaft erreicht man nach 10 km Zschopau ❯ S. 105, wo Schloss und Ortskern zum Verweilen einladen. Über die B 174 ist man wieder in kurzer Zeit zurück in Chemnitz.

Musik und Bäder

❯ ⑫ **Klingenthal** ❯ **Markneukirchen** ❯ **Bad Elster** ❯ **Plauen** ❯ **Mylau** ❯ **Reichenbach** ❯ **Zwickau**

Länge: 100 km
Dauer: 2–3 Tage
Praktische Hinweise: Auch hier empfiehlt sich der eigene Wagen.

Der **Musikwinkel** steht am Beginn der Tour, die durch die schönsten Orte des Vogtlands führt. Vom gebirgigen **Klingenthal** ❯ S. 114 geht es zunächst nach **Markneukirchen** ❯ S. 115 zum Besuch im Musikinstrumentenmuseum.

Der **Bäderwinkel**, der tief nach Tschechien hineinragende südlichste Teil Sachsens, folgt nach nur wenigen Kilometern. Das sächsische Staatsbad *Bad Elster ❯ S. 116 bietet Kultur und Entspannung für einen schönen Tagesausklang. Wer will, kann noch in den Radonkurort **Bad Brambach** ❯ S. 116 weiterfahren.

Nächste Etappe ist *Plauen ❯ S. 117, wo man den Vormittag für die Besichtigung der Stadt und der berühmten Spitzen nutzen sollte. Bei schönem Wetter lädt die **Talsperre Pöhl** zur erfrischenden Pause ein.

Oder es geht gleich weiter zur Burgbesichtigung nach **Mylau** ❯ S. 119, ins Theatermuseum in **Reichenbach** ❯ S. 119 oder zum **Schloss Schönfels**. Abendliches Ziel zum Altstadtbummel ist **Zwickau** ❯ S. 111.

Unterwegs im Erzgebirge

Freital **1**

Werktags kann man in den Werkstätten der **Sächsischen Porzellanmanufaktur** die Produktion des Dresdner Porzellans verfolgen (Carl-Thieme-Str. 16, Tel. 03 51/64 71 30, lwww.dresdner-porzellan. com).

Vom Ortsteil Hainsberg aus fährt die ***Weißeritztalbahn** › S. 47 durch den Tharandter Wald nach Dippoldiswalde; in Zukunft soll der Kurort Kipsdorf Endpunkt werden wie früher.

Tharandt **2**

Von Dresden führt eine S-Bahn-linie nach Tharandt, bekannt als Sitz der ältesten Forsthochschule Deutschlands (1818). Der ***Forstbotanische Garten** mit über 2000 Gehölzarten bietet eine botanische Reise bis nach Nordamerika (Am Forstgarten 1, Tel. 03 52 03/3 83 12 74, www.sylvaticon.de; April–Okt. Sa–Do 8 bis 17 Uhr, Eintritt frei). Von hier aus geht es in den wild- und artenreichen ***Tharandter Wald**. 200 km Wanderwege durchziehen das 6400 ha große Landschaftsschutzgebiet.

Di–So ab 18 Uhr
Romantisches Kunst-Lokal mit mediterraner Küche. ●●

Hartha **3**

Der kleine Kurort gilt gemeinsam mit Nossen als Sachsens Mitte und ist ein guter Ausgangspunkt für Unternehmungen und Wanderungen. Im Ortsteil Grillenburg lockt ein Naturbad, im Jagdschloss eine jagd- und forstkundliche Lehrschau (Di–So 10–17 Uhr).

Empfehlenswerte Wanderziele von Hartha aus sind die **Warnsdorfer Quelle**, Talsperre und Damwildgatter in **Klingenberg** sowie das Besucherbergwerk Aurora-Erbstolln in **Dorfhain** (April bis Okt. Sa 10–14.30 Uhr; www.auroraerbstolln.de).

Dippoldiswalde **4**

Ausgrabungen von einzigartigen (unzugänglichen) mittelalterlichen Bergwerken bezeugen die Bedeutung des Ortes für die Entwicklung des Erzgebirges. Malereien aus der Mitte des 17. Jhs. schmücken Wände und Decken der Stadtkirche St. Marien und Laurentius (15. Jh.) sowie die Kreuzrippengewölbe der turmlosen Nikolaikirche (1230). Das dreiflügelige Schloss wird als Museum genutzt. Die Osterz-

Markt in Dippoldiswalde

gebirgsgalerie zeigt hier Bilder mit Motiven der Region (Mi 10 bis 16, Do–So, Fei 13–17 Uhr).

Eine Besichtigung lohnt auch das Stadt- und Lohgerbermuseum, das einzige seiner Art in Deutschland (Freiberger Str. 18, www.lohgerbermuseum.de; Di bis So 10–17 Uhr).

Die nahe gelegene **Talsperre Malter** bietet mit ihrer 90 ha großen Wasserfläche vielfältige Möglichkeiten für den aktiven Urlaub, schöne Campingplätze, viel unberührte Natur und ein Erlebnisbad (Info-Tel. 0 35 04/61 21 69, www.erlebnis-talsperre.de).

Info

Tourismusregion Silbernes Erzgebirge
Markt 2][01744 Dippoldiswalde
Tel. 0 35 04/61 48 77
www.silbernes-erzgebirge.de

*Altenberg 5

Auf dem Osterzgebirgskamm liegt Altenberg (750–905 m), das als relativ schneesicheres Wintersportzentrum gilt. Der Skihang (abends Flutlicht) mit Verleihstation ist fußläufig vom Bahnhof. Altenbergs Rennrodel- und Bobbahn, Austragungsort von Weltmeisterschaften, zählt zu den modernsten der Welt. Im Winter kann man hier mit einem erfahrenen Piloten eine »Gästefahrt« unternehmen. Der Ort ist auch ein guter Ausgangspunkt für Wandertouren, z. B. auf den Kahleberg (905 m) oder auf den Geisingberg (824 m) mit einer Bergbaude und Aussichtsturm.

Die Bergstadt lebte vom Zinnabbau, bis 1991 die Schächte schließen mussten. Ein 12 ha großer und 106 m tiefer Riesenkrater, die **Pinge**, ist eine Touristenattraktion (Mai–Okt. Mi 13.30 Uhr Wanderung ab Bahnhofsvorplatz), Anmeldungen und Infos dazu gibt es im sehenswerten **Bergbaumuseum** (Mühlenstr. 2, Tel. 03 50 56/3 17 03, www.berg baumuseum-altenberg.de; Sa–Do 10–16 Uhr). Eine zweite Bergbauschauanlage im Ortsteil Zinnwald-Georgenfeld widmet sich mineralogischen Aspekten. Die Führungen in den »Tiefer-Bünau-Stollen« dauern ca. 2 Std (Di–So 10–15 Uhr).

Erwärmend ist der Besuch der **Kräuterlikörfabrik Altenberg** (Rathausstr. 27, Tel. 03 50 56/ 3 23 05; Führungen Do 15 und 16 Uhr, Verkaufsraum Mo–Sa).

Das **Thermalbad** mit Saunalandschaft der Rehaklinik »Raupennest« ist öffentlich (Rehefelder Str. 18, Tel. 03 50 56/300, www. raupennest.de; Einlass Mo bis Fr 12–21 Uhr, Sa/So ab 9 Uhr).

Naturfreunde sollten den **Botanischen Garten** im Ortsteil Schellerhau und das Naturschutzgebiet **Georgenfelder Hochmoor**, besonders reizvoll zur Kiefernblüte im Mai/Juni, besuchen (Ostern bis Okt. Di–So 9–17 Uhr).

Info

Tourist-Info-Büro
Am Bahnhof 1
01773 Altenberg
Tel. 03 50 56/2 39 93
www.altenberg.de

Hotel

Naturhotel Gasthof Bärenfels
Alte Böhmische Str. 1
01773 Altenberg
Tel. 03 50 52/22 80
Historischer Gasthof mit Bioküche und Hotelzimmern. ●●

Ausflug nach Lauenstein

Sehenswert ist **Schloss Lauenstein** mit dem Osterzgebirgsmuseum (Tel. 03 50 54/2 54 02; Di–So 10–16.30 Uhr). Lohnend ist auch der Besuch des **Wildparks Osterzgebirge** zwischen Lauenstein und Geising, wo man heimischer Fauna begegnet (tgl. 10–18, Winter bis 16 Uhr; Tel. 03 50 54/2 58 25, www.wildpark-osterzgebirge.de).

*Frauenstein 6

Auf einer Hochfläche des Erzgebirges liegt der schmucke Ort Frauenstein. Er wird von der größten Burgruine Sachsens überragt (um 1200 gegründet). 1585 bis 1588 ließ Heinrich von Schönberg zwischen Burg und Stadt das Schloss errichten. Hier informiert das **Gottfried Silbermann Museum** über den im Ortsteil Kleinbobritzsch geborenen Orgelbauer (Mai–Okt. tgl. 9–17 Uhr, Nov. bis April Mo–Fr 9–12, 13–16, Sa, So 10–12, 13–16 Uhr, www.silbermann-museum.de). Schön ist auch der Markt mit Stadtkirche.

9 **Seiffen 7 und Olbernhau 8

Der Kurort **Seiffen** ist eine Hochburg der erzgebirgischen Spielzeugindustrie. Die Produktion von Weihnachtspyramiden, Nussknackern und Holzmenagerien hat hier im »Spielzeugdorf« eine lange Tradition. Die Bewohner des 1324 gegründeten Ortes wuschen Verwitterungsgestein der Umgebung aus, um die darin enthaltenen Zinnkörner freizuspülen. »Seifen« nennt die Bergbausprache diesen Vorgang. Der Bergbau war hier jedoch nie so ertragreich wie andernorts. Die Seiffener begannen deshalb schon im 17. Jh., ihren Bergmannslohn durch Drechslerarbeiten aufzubessern. Mit dem Ende des Bergbaus (1849) wurden diese zur einzigen Einkommensquelle.

Einblicke in die Geschichte des Ortes bieten das ***Spielzeugmuseum** und das angeschlossene **Erzgebirgische Freilichtmuseum** (www.spielzeugmuseum.de, tgl. 10–17 Uhr) sowie die ***Schauwerkstatt Seiffener Volkskunst** der traditionellen Handwerkstechniken (Bahnhofstr. 12, www.schauwerkstatt.de; Mo–Fr 10–16, Geschäft tgl. 10–17 Uhr).

Die charakteristische achteckige **Seiffener Kirche** (Mo–Sa 12 Uhr Kirchenführung mit Orgelmusik) taucht in vielen Holzkunstwerken auf.

 Seiffen besitzt nicht nur die **längste Sommerrodelbahn Sachsens** (733 m; www.seiroba.de, Tel. 71 79; tgl. 10–18, Juli/Aug. 10–19, Winter bis 17 Uhr; witterungsabhängig), sondern auch einen Skilift mit Flutlichtanlage am Reicheltberg (741 m). Die Umgebung lädt zu Wanderungen ein: zum Naturlehrpfad am Freilichtmuseum oder zu den Gipfeln des Reicheltbergs, Schwartenbergs und Ahornbergs, die schöne Ausblicke bieten. Beliebtes Ausflugsziel ist der historische **Fortuna-Stollen** mit Besucherbergwerk (Di–So 10.30–16 Uhr) im idyllischen Deutschkatharinenberg.

Das ebenfalls von der Holzkunst lebende Städtchen **Olbernhau** (10 000 Einw.) steht im Schatten Seiffens, birgt jedoch mit der 1537 errichteten ***Saigerhütte** ein einzigartiges Industriedenkmal der frühen Neuzeit. In 22 überwiegend im Fachwerkstil errichteten Bauten wurde das Erz verarbeitet.

Info

Tourist-Information
Hauptstr. 95][09548 Seiffen
Tel. 03 73 62/84 38
www.seiffen.de

Hotels

■ **Landhotel zu Heidelberg**
Hauptstr. 196
09548 Seiffen
Tel. 03 73 62/87 50
www.landhotel-zu-heidelberg.de
Hotel mit Wellnessoase. ●●

■ **Saigerhütte**
In der Hütte 4/9
09526 Olbernhau
Tel. 03 73 60/78 70
www.saigerhuette.de
Familiäres 3-Sterne-Hotel in zwei historischen Fachwerkhäusern. ●●

Restaurants

■ **Erbgericht Buntes Haus**
Hauptstr. 94
09548 Seiffen
Tel. 03 73 62/77 60
www.erzgebirgshotels.de
Familiäre Gaststätte und Hotel. ●●

■ **Holzwurm**
Hauptstr. 71 a
09548 Seiffen
Tel. 03 73 62/72 77
www.holzwurm-seiffen.de
Kleines gemütliches Lokal, regionale Küche. Reservierung empfohlen. ●

****Freiberg** 9

In Sachsens ältester und bedeutendster Bergstadt (42 000 Einw.) fand man 1168 das erste Silber. Als Markgraf Otto von Meißen den Fundort zum »freien Berg« erklärte, löste er einen Silberrausch aus. Im 13. Jh. gehörte Freiberg zu den größten Städten Sachsens; bis ins späte 15. Jh. war es zudem die reichste. Obwohl der Bergbau 1969 um Freiberg eingestellt wurde, wird er in der Stadt weiter gelehrt. Die Bergakademie von 1765 gilt als älteste Montan-Hochschule der Welt.

**Dom ⒶA

Der Dom am Untermarkt ist Symbol dieser Wirtschaftskraft (1484 bis 1512). Hinter einer schlichten Außenfassade versteckt sich das prachtvolle Innere. Besonders die Tulpenkanzel wird immer wieder bewundert. Seinen kunstgeschichtlichen Weltruhm verdankt der Dom jedoch der »Goldenen Pforte«. Dieses älteste Figurenportal Deutschlands entstand um 1230. Es wurde bereits 1902 mit einem Schutzbau verkleidet und ist nur während der Führungen zu besichtigen (Mai–Okt. Mo–Sa 10, 11, 14, 15, 16, So, Fei 11.30, 14, 15, 16 Uhr, Nov.–April tgl. 11, 14, 15 Uhr; Führungen mit Orgelspiel ganzjährig So 11.30, Sommer zusätzl. Mi 15 Uhr sowie März–Okt. 1. Sa im Monat 20 Uhr). Zu hören ist eine der größten und frühesten Orgeln (1711–1714) des Orgelbauers Gottfried Silbermann, der in Freiberg seine Werkstatt hatte.

Im gegenüberliegenden Domherrenstift ist das **Stadt- und Bergbaumuseum Ⓑ** beheimatet. Besonders die erlesene Sammlung sakraler Holzplastiken verdient aufmerksame Betrachtung (Tel. 0 37 31/2 02 50; Di–So 10 bis 17 Uhr).

Altstadt

Auch in der **Petrikirche Ⓒ** (im Sommer Mi 12–12.30 Uhr Orgelspiel, Turmbesteigung Mo, Di, Do, Fr, So 11–16, Mi 12.30 Uhr, Sa 14 Uhr; Tel. 419 51 62), und in der **Jacobikirche Ⓓ** stehen Silbermann-Orgeln. Das ***Rathaus Ⓔ** ist nicht nur von außen sehenswert. Hinter dicken Mauern und Türen ist seit 1631 das Stadtarchiv untergebracht. Die Kellergewölbe dienten im Mittelalter als Kerker. Ein Paradebeispiel der Renaissance mit prachtvollem Portal ist das **Haus Obermarkt Nr. 16 Ⓕ** (1545/46), einst die Ratsherrentrinkstube.

10 **terra mineralia Ⓖ

Im komplett sanierten **Schloss Freudenstein** ist seit 2008 auf drei Stockwerken die weltweit größte Mineraliensammlung ausgestellt. Sie vereint die mineralogische Sammlung der Bergakademie mit einer riesigen Privatsammlung (Tel. 0 37 31/39 46 54, www.terra-mineralia.de; tgl. 9–17, Sa/So bis 18 Uhr).

*Alte Elisabeth Ⓗ

Die Bergbaugeschichte Freibergs lässt sich außerhalb des Stadtzentrums in der ehemaligen Schachtanlage erkunden. 1913 stillgelegt, wird sie seither von der Bergakademie als Lehrschacht genutzt. Über Tag ist die original erhaltene Technik der Anlage aus der Mitte des 19. Jhs. zu sehen. Ein Erlebnis ist die Untertagefahrt im Schacht **Reiche Zeche** (www.besucher

bergwerk-freiberg.de; es werden zahlreiche, unterschiedlich lange Führungen angeboten, warme Kleidung empfohlen. Termin-Infos: Tel. 0 37 31/39 45 92, Anmeldung: Tel. 0 37 31/39 45 71).

Info

Tourist-Information
Burgstr. 1][09599 Freiberg
Tel. 0 37 31/4 19 51 90
www.freiberg-service.de

Hotel

Mauck'sches Gut
Hornstr. 20
Tel. 0 37 31/3 39 78
www.hotel-maucksches-gut.de
Viel Komfort in einem alten Bauerngut mitten in der Stadt. ●●

Restaurants

■ **Genuss im Schloss**
Schlossplatz 4
Tel. 0 37 31/77 41 74
www.genuss-im-schloss.de
Ambitionierte internationale Küche. Chefkoch Schlösser hält auch Kochkurse ab. ●●

■ **Le Bambou**
Obergasse 1
Tel. 0 37 31/35 39 11
www.lebambou.de
Französische Küche in einer Gründerzeitvilla. ●●

■ **Stadtwirtschaft**
Burgstr. 18
Tel. 0 37 31/69 24 69
www.stadtwirtschaft.de
Böhmische Küche, Spielecke für Kinder, urige Atmosphäre. ●

Ⓐ Dom	Ⓓ Jacobikirche	Ⓖ terra mineralia
Ⓑ Stadt- und	Ⓔ Rathaus	Ⓗ Alte Elisabeth
Bergbaumuseum	Ⓕ Haus Obermarkt	Ⓘ Theater
Ⓒ Petrikirche	Nr. 16	

Karte
Seite 103

Nightlife

Mittelsächsisches Theater Freiberg ❶

Borngasse 3][Tel. 0 37 31/35 82 34
www.mittelsaechsisches-theater.de

echt gut! Vom Schwank bis zur Oper reicht das Repertoire des 1710 gegründeten Theaters.

*Chemnitz ❿

Die drittgrößte Stadt Sachsens mit ca. 243 000 Einwohnern wurde im 19. Jh. wegen ihrer vielen Industriebetriebe bekannt als »sächsisches Manchester« und als Stadt der Kontraste, mit Villenvierteln neben Mietskasernen. Am 5. März 1945 zerstörten amerikanische Bomberverbände zwei Drittel der Stadt. Derzeit erlebt Chemnitz einen starken städtebaulichen und kulturellen Wandel.

Am Roten Turm

Eine Mischung von Altem und Neuem bietet das Zentrum, vor allem am früheren Karl-Marx-Platz (jetzt »Am Roten Turm«). Hier steht das einzige Relikt der früheren Stadtbefestigung, und gleich daneben das architektonische Ensemble der *Stadthalle ❹ und des Hotels Mercure Kongress, des 93 m hohen einstigen Interhotels, zwei für die DDR-Zeit typische Bauten. Dahinter wuchs in Richtung Rathäuser eine neue City empor: Das Einkaufszentrum »Galerie Roter Turm« und der »Kaufhof«, ein gläserner Bau nach dem Entwurf des Stararchitekten Helmut Jahn, sind neue Attraktionen.

*Karl-Marx-Monument ❸

1971 aufgestellt, ist das Monument, das der Volksmund »Nischel« (Kopf) nennt, noch immer eine Attraktion der Stadt. Sechs Jahre brauchte der Moskauer Leninpreisträger Lew Kerbel, um den 7 m hohen und 40 t schweren Bronzekopf zu modellieren. Anlässlich des 135. Geburtstags von Karl Marx am 10. Mai 1953 war Chemnitz in Karl-Marx-Stadt umbenannt worden; nach der Wende votierten die Bürger aber wieder für den alten Namen Chemnitz.

*Rathäuser ❻

Heute wird Stadtpolitik in zwei Rathäusern am Markt gemacht. Das *Alte Rathaus (1498) wurde in der Renaissance umgebaut und im Zweiten Weltkrieg fast völlig zerstört. Den hohen Turm, einst Wohnsitz des Stadtvogts, integrierte man im 14. Jh. ins Rathaus. Im *Neuen Rathaus (1907–1911) besticht die Jugendstilausstattung.

Am Theaterplatz

Im kulturellen Zentrum der Stadt auf dem einstigen Stadtanger am Theaterplatz stehen das *Opernhaus ❶ von 1909 sowie der König-Albert-Museumsbau ❺. In diesem 2010 erweiterten Museum vereinen die *Kunstsammlungen Chemnitz Malerei und Plastik (19./20. Jh.), ein Grafikkabinett (15.–20. Jh.) sowie eine Textil- und Kunstgewerbesammlung (19./20. Jh.). Einzigartig ist die Sammlung von über 300 Werken

Die Kunstsammlungen Chemnitz
am Theaterplatz

des aus Chemnitz stammenden Expressionisten Karl Schmidt-Rottluff (Di–So 11–18 Uhr, www. kunstsammlungen-chemnitz).

Eine der größten Attraktionen der Stadt ist der ****Versteinerte Wald** vor dem Museumsgebäude. Grau und braun schimmern die mächtigen Kloben, die dort in die Höhe ragen. Man kann kaum glauben, dass dies einst Baumstämme waren – vor ca. 250 Mio. Jahren.

*Schlosskirche ❻

Die Wiege der Stadt liegt auf dem Schlossberg nördlich der heutigen Innenstadt. 1136 hatte dort der Staufer Lothar II. ein Benediktinerkloster gegründet. 1143 erhielt der Flecken am Flüsschen Chemnitz das Marktprivileg. Ein wunderschönes Sternengewölbe ziert die Decke der ehemaligen Benediktiner-Klosterkirche, reiche Astdekoration das ins Innere verlegte Hauptportal (Nov.–März Di

bis Sa 11–16 Uhr; April–Okt. Di bis Sa 11–17, So, Fei 14.30 bis 17.30 Uhr).

Im ***Schlossbergmuseum** in den ehemaligen Klostergebäuden sind neben Werken der Chemnitzer Kunstsammlungen auch die bedeutendsten mittelalterlichen Stücke der Dresdner Skulpturensammlung zu sehen (Di–So, Fei 11–18 Uhr, www.schlossberg museum.de).

Am Schlossteich stehen die originalen Skulpturen der Vier Tageszeiten von J. Schilling. Die Bronzekopien zieren die Bühlsche Terrasse in Dresden.

Beliebt ist die von Kindern betriebene **Schmalspureisenbahn** im Küchwaldpark (Rundkurs 2,3 km; Mitte März–Okt. Di–So).

Museen

11 Das ****Museum Gunzenhauser** ❼ eröffnete 2007 im ehemaligen Sparkassengebäude (1928) mit seiner einzigartigen Privatsammlung europäischer Kunst des 20. Jhs.; darunter mit 290 Werken eine der größten Otto-Dix-Sammlungen weltweit (Stollberger Str. 2, Tel. 4 88 70 24; www.kunstsammlungen-chemnitz.de, Di–So, Fei 11–18 Uhr).

Das ***Henry-van-de-Velde-Museum** gehört ebenfalls zu den Kunstsammlungen Chemnitz. Es ist in der vom belgischen Jugendstil-Künstler entworfenen Villa Esche untergebracht (Parkstr. 58, Tel. 4 88 44 24, Mi, Fr–So 10 bis 18 Uhr).

Das **Tietz** ❽, ein ehemaliges Warenhaus von 1912 beherbergt heute u. a. das Museum für Naturkunde und die Neue Sächsische Galerie (Moritzstr. 20, Tel. 4 88 43 66; tgl. außer Mi 10 bis 18 Uhr, teilweise auch bis 20 Uhr, www.dastietz.de).

Eine Rarität ist das ehemaligen **Kaufhaus Schocken** ❶. Der 7-geschossige Stahlbetonskelettbau (1929/30) ist eines der wenigen erhaltenen Bauwerke des Expressionisten Erich Mendelsohn.

Hier zieht 2013 das Städtische Haus der Archäologie ein (Brückenstr.). Einen Besuch lohnen das **Industriemuseum** ❿ (Zwickauer Str. 119; Mo–Do 9–17 Uhr, Sa, So 10–17 Uhr, www.saechsisches-industriemuseum.de) und das **Deutsche Spielemuseum** mit Spielen aus vier Jahrhunderten (Neefestr. 78 a, www.deutsches-spielemuseum.eu, Mi–Fr 13–18, Sa, So, Fei 13–19 Uhr).

- Ⓐ Stadthalle
- Ⓑ Karl-Marx-Monument
- Ⓒ Rathäuser
- Ⓓ Opernhaus
- Ⓔ König-Albert-Museumsbau
- Ⓕ Schlosskirche
- Ⓖ Museum Gunzenhauser
- Ⓗ Tietz-Warenhaus
- Ⓘ Kaufhaus Schocken
- Ⓙ Industriemuseum

Info

Tourist-Information
Markt 1][09111 Chemnitz
Tel. 03 71/69 06 80
www.chemnitz-tourismus.de

Hotels

■ **Hotel an der Oper**
Straße der Nationen 56
Tel. 03 71/68 10
www.hoteloper-chemnitz.de
Modernes Hotel mit tollem Blick auf
den Theaterplatz. ●●●
■ **Schlosshotel Klaffenbach**
Wasserschlossweg 6
Tel. 03 71/2 61 10
www.adelsberger-parkhotel.de
Romantische Lage, mit Golfplatz. ●●●

Restaurants

■ **Michaelis**
Am Düsseldorfer Platz 1
Tel. 03 71/27 33 79 58
www.michaelis-chemnitz.de
Beliebtes Lesecafé mit Restaurant. ●●

Das alte Rathaus in Chemnitz

■ **Kellerhaus**
Schlossberg 2][Tel. 03 71/3 35 16 77
www.kellerhaus-chemnitz.de
Ältestes Gasthaus von Chemnitz von
1698. Gehobene deutsche Küche. ●●

Nightlife

■ **Die Theater Chemnitz**
Oper und Theater
Theaterplatz][Tel. 03 71/4 00 04 30
www.theater-chemnitz.de
Die Oper gilt seit der Aufführung
des Rings als Sächsisches Bayreuth.
Schauspielhaus
Zieschestr. 28][Tel. 03 71/4 00 04 30
www.theater-chemnitz.de
Anspruchsvolle Inszenierungen.
■ Leichtere Kost wird in der **Stadt-
halle** (Theaterstr. 3, Tel. 03 71/
4 50 87 22, www.stadthalle-
chemnitz.de) und im **1. Chemnitzer
Kabarett** (An der Markthalle 1-3,
Tel. 03 71/67 50 90, www.das-
chemnitzer-kabarett.de) geboten.

Echt gut!

Ausflüge ab Chemnitz

Rabenstein

In Rabenstein steht die kleinste
Burg Sachsens (April–Okt. Di–Fr
11, 14, 16.30 Uhr, Sa, So, Fei 11 bis
17 Uhr). Ebenfalls sehenswert
sind die Sophienhöhle (April bis
Okt. Di–So 10.30–17 Uhr; www.
burg-rabenstein.info), das Wild-
gatter und ein Stausee.

Barockschloss Lichtenwalde

Attraktiv ist das frisch restaurierte
Barockschloss Lichtenwalde mit
herrlichem Park (www.die-sehens

werten-drei.de; April–Okt. 10 bis 18, Nov.–März 10–17 Uhr).

Augustus-burg 11

Das größte Schloss Sachsens und eines der monumentalsten Renaissanceschlösser Deutschlands liegt ca. 15 km östlich von Chemnitz. Vielleicht bewog die malerische, exponierte Lage des gleichnamigen Städtchens, das man von Erdmannsdorf aus per Standseilbahn erreicht, Kurfürst August I. dazu, hier ein Jagd- und Lustschloss zu errichten (1526–1586). Das Lindenhaus wird als Aussichtsturm und für Ausstellungen genutzt. Ausstellungen zeigen auch das Hasenhaus (Jagdtier- u. Vogelkundemuseum) und das Küchenhaus (Motorradmuseum) (www.die-sehenswerten-drei.de, April–Okt. tgl. 9.30–18, Nov. bis März tgl. 10–17 Uhr).

Zschopau 12

Für Zschopau (ca. 10 900 Einw.) steht das »Z« im Namen der MZ-Motorräder, die im Zweitakt die DDR mobilisierten. Nach der Wende stand die Produktion mehrfach vor dem Aus. Jetzt werden wieder Motorräder, aber auch E-Bikes gefertigt.

Schloss Wildeck, Zschopaus Wahrzeichen, stammt aus dem 12. Jh. und beherbergt heute das Stadtmuseum samt Motorradausstellung, ein Buchdruckmuseum (www.schloss-wildeck.eu, Tel.

28 71 70; tgl. 10–17 Uhr) und die Tourist-Info. Der Dicke Heinrich, als Bergfried gebaut und nun ein Aussichtsturm, ist vermutlich Zschopaus ältestes Bauwerk. Das **windungsreiche Flusstal der Zschopau** und seine zahlreichen Nebentäler sind ein ideales Wandergebiet. Von Felskanzeln, die steil aus dem Tal ragen, schweift der Blick ins Erzgebirge.

Echt gut!

Scharfenstein 13

In dem kleinen Ort steht das Sterbehaus von Karl Stülpner (1762 bis 1841), einem Wildschützen, der zum Volkshelden wurde. Ihm ist auf der **Erlebnisburg Scharfenstein** eine Ausstellung gewidmet. Außerdem gibt es dort ein Spielzeugmuseum sowie ein Museum zur Burggeschichte (April bis Okt. Di–So 10–17.30, Nov. bis März Di–So 10–17 Uhr, www.die-sehenswerten-drei.de).

Marienberg 14

Einer der größten Plätze Sachsens (1,77 ha Fläche), der Markt von Marienberg (15 000 Einw.), wird von sorgfältig restaurierten Fassaden begrenzt. 1610 wurde Marienberg von einem Großfeuer zerstört; nur der Rote Turm und das Zschopauer Tor der Stadtbefestigung blieben erhalten. Der Wiederaufbau nach den Idealen der Renaissance spiegelt sich im regelmäßigen Stadtgrundriss wider.

Ein breit gefächertes Sportangebot gibt es am **Rätzelteichgebiet** (Fahrrad- und Skiverleih,

neue Skaterbahn) und im Lauten-
grund mit dem **Erlebnisbad Aqua
Marien** (www.aquamarien.de, Tel.
0 37 35/6 80 80; tgl. 10–22 Uhr).

Wolkenstein 15

Sachsen zur Napoleonzeit – im
romantisch hoch über dem
Zschopautal gelegenen Wolkenstein kann man Geschichte nach-
empfinden. Im Schloss (16. Jh.)
erinnert das Militärhistorische
Museum an die Befreiungskriege.
In der Erlebnisgaststätte »Zum
Grenadier« ist man von Puppen
in Uniformen und Ausstellungs-
stücken aus der Epoche umgeben.
**Schönster Wellnesstempel der
Gegend** ist die Silbertherme im
Kurort Warmbad (Tel. 03 73 69/
1 51 15, www.warmbad.de).

Hotel

Wolkensteiner Zughotel
Am Bahnsteig 10
09429 Schönbrunn/Wolkenstein
Tel. 03 73 69/58 21
www.wolkensteiner-zughotel.de

**Deutschlands einziges Hotel auf
Gleisen.** ●

*Annaberg-Buchholz 16

Mit den großen Silberfunden am
Schreckenberg in den Jahren
1491/92 schlug die große Stunde
der 1943 vereinten Doppelstadt,
deren bergbauliche Blütezeit im
16. Jh. nur rund 50 Jahre andau-
ern sollte. Äußerlich schlicht, aber
gewaltig in den Dimensionen dominiert die **St. Annenkirche**
das Stadtbild. Gewaltig präsentiert sich auch der Innenraum,
der prächtige Wand- und Deckenmalereien birgt. Motive aus dem
Bergbaualltag finden sich insbesondere am Bergaltar und an der
Kanzel (Mo–Sa 11–17, So 12 bis
17, Jan.–April bis 16 Uhr).

   Mehr über die Wirtschaft des
Osterzgebirges erfährt man im
Erzgebirgsmuseum. Im Muse-
umshof befindet sich der Eingang
zu dem Besucherbergwerk »Im

In der St. Annenkirche in Annaberg-Buchholz

Gößner« (Große Kirchgasse 16, Tel. 2 34 97; tgl. 10–17 Uhr, letzte Führung 16 Uhr).

Eine weitere Attraktion ist die **Manufaktur der Träume.** Eine große private Spielzeugsammlung steht im Mittelpunkt des neuen Museums- und Kulturzentrums, das die heimische Holzkunst erlebbar machen will (Buchholzer Straße 2, www.manufaktur-der-traeume.de, tgl. 10–18 Uhr).

Einen Besuch lohnt das **Adam-Ries-Museum** in dem Haus, das der große Rechenmeister 36 Jahre (1492–1559) lang bewohnte (Johannisgasse 23, www.adam-ries-museum.de, Di–So 10–16 Uhr).

Info

Tourist-Information
Buchholzer Str. 2
09456 Annaberg-Buchholz
Tel. 0 37 33/1 94 33
www.annaberg-buchholz.de
Tourismusverband Erzgebirge e. V.
Adam-Ries-Str. 16
09456 Annaberg-Buchholz
Tel. 0 37 33/18 80 00
www.erzgebirge-tourismus.de

Hotel

Berghotel Pöhlberg
Tel. 0 37 33/8 13 20
www.berghotel-poehlberg.de
Rustikales Familienhotel mit Gaststätte am Aussichtsturm. ●

Restaurant

Zum Türmer
Große Kirchgasse 19
Tel. 0 37 33/2 44 17
www.zum-tuermer.eu
Regionale Spezialitäten. ●

Nightlife

Eduard-von-Winterstein-Theater
Buchholzer Str. 67
Tel. 0 37 33/1 40 71 31
www.winterstein-theater.de
Abwechslungsreiches Programm, im Juli/Aug. auch auf der Naturbühne Greifensteine.

Ausflüge ab Annaberg-Buchholz

Schloss Schlettau

Die Räume des mittelalterlichen **Schloss Schlettau** beherbergen ein Museum für Waldgeschichte sowie Schauwerkstätten für Posamente (Bändern, Borten, Quasten etc.) und Kräuterlikör (www.schloss-schlettau.de, Tel. 6 60 19; Di–Fr 10–17, Sa, So 14–17 Uhr).

Frohnau

Eine herausragende Schauanlage ist im Dorf Frohnau bei Annaberg-Buchholz der mittelalterliche **Frohnauer Hammer.** Glühendes Roheisen wurde unter der Wucht von bis zu 300 kg schweren Hämmern gestreckt und für das Handschmieden vorbereitet (Sehmatalstr. 3, Tel. 2 20 00; tgl. 9–12, 13–16 Uhr).

Frohnau ist Ausgangspunkt für Wanderungen zum **Pöhlberg** (832 m) mit Basaltaufbrüchen und Aussichtsturm (ca. 4 km).

Hotel

Zur Schmiede
Sehmatalstr. 8
09456 Annaberg-Buchholz/Frohnau

Tel. 0 37 33/2 30 19
www.erholung-im-erzgebirge.de
Gasthof mit 8 Zimmern, 2 Appartements und großem Garten. ●

Greifensteine

Die sieben Granitfelsen, die bei Ehrenfriedersdorf aus der Waldlandschaft ragen, sind ein beliebtes Wanderziel und malerische Kulisse des Naturtheaters. Auf dem höchsten Felsen thront eine Aussichtsplattform. Der Stauweiher am Fuße ist ein beliebtes Bade-, Camping- und Segelrevier.

Das **Freizeitbad Greifensteine** in Geyer bietet Familienbadespaß (Tel. 03 73 46/10 61 00, www.anamare.de).

*Ober-wiesenthal ⑰

Die mit 914 m höchstgelegene Stadt Deutschlands verdankt ihr Dasein als Kurort und Wintersportzentrum in erster Linie dem *Fichtelberg (1214 m), der ideale Wintersportbedingungen für Skifahrer, Rodler und Snowboarder bietet. Sollte der Schnee einmal ausbleiben, helfen Schneekanonen. Rund um den Berg erschließen die **älteste Schwebebahn Deutschlands** (1924), zwei Sessel- und drei Schlepplifte ca. 16 km an präparierten Pisten. Auf Langläufer warten 75 km Loipen und Skiwanderwege (www.fichtelberg-ski.de).

Das Skistadion mit drei Trainingsstrecken, Staffelgarten und Biathlonanlage dürfen auch Frei-zeitsportler nutzen. Wohl nur anschauen werden sie sich die Fichtelbergschanze, auf der der mehrfache Olympiasieger und Weltmeister Jens Weißflog seine Karriere begann. Die romantischste Anreise erlebt man mit der Schmalspurbahn aus dem 17,4 km entfernten Cranzahl.

Gästeinformation
Markt 8][09484 Oberwiesenthal
Tel. 03 73 48/15 50 50
www.oberwiesenthal.de

■ **Relaxhotel Sachsenbaude**
Fichtelbergstr. 4
Tel. 03 73 48/13 90
www.sachsenbaude.de.
Wellness- und Beautyhotel in Gipfel-Traumlage, an der Loipe. ●●●

■ **Jens Weißflog Appartementhotel**
Emil-Riedel-Str. 50
Tel. 03 73 48/1 00
www.jens-weissflog.de
Der große Skispringer ließ ein Erholungsheim in schöner Landschaft zu einem Appartementhotel umbauen. Breites Wellness- und Sportangebot. ●●

■ **Pension Rotgießerhaus**
Böhmische Str. 8
Tel. 03 73 48/13 10
www.rotgiesserhaus.de
Guter Komfort im ältesten Steinhaus Oberwiesenthals. ●

Wiesenthaler Hutzenstüb'l
Annaberger Str. 81
Tel. 03 73 48/72 25
Gemütliches Lokal mit Kachelofen. ●

Ausflug nach Böhmen

Ein lohnender Abstecher führt ins tschechische **Boži Dar** (Gottesgab 1028 m).

Am höchsten Erzgebirgsgipfel, dem **Klinovec** (Keilberg 1244 m), findet sich ein Wintersportzentrum (22 Lifte und Kabinen-Schwebebahn, www.wintersport-im-erzgebirge.de), das sich in den wärmeren Jahreszeiten als idealer Standort für Mountainbiker und Wanderer präsentiert (www.bozi dar.cz).

*Schwarzenberg 18

Mai 1945. Ganz Deutschland ist von alliierten Truppen besetzt. Ganz Deutschland?

Nein, das kleine Städtchen Schwarzenberg verwaltet sich selbst – worüber der Schriftsteller Stefan Heym 1984 einen Roman schrieb. So entstand der Mythos der Freien Republik Schwarzenberg, an die kaum mehr als eine Bronzetafel im Stadtbild erinnert. Frühere Epochen haben deutlich mehr hinterlassen: Über der Stadt thronen die St. Georgskirche (1699), in der man den Klängen des Musikfestes Erzgebirge lauschen kann (www.musikfest-erz gebirge.de) und das Schloss (12. bis 19. Jh.). In der Altstadt sind das Jugendstilrathaus und ein Meissener Porzellanglockenspiel bemerkenswert.

*Schneeberg 19

In der erzgebirgischen Silbermetropole wurde man 1470 erstmals fündig; der Bergbau wurde erst 1991 mit der Schließung der Uranzechen eingestellt. Bekannt ist der Ort für sein im Erzgebirge einmaliges barockes Stadtbild und als Zentrum des erzgebirgischen Brauchtums. Nirgendwo sonst gibt es so reiche musikalische Traditionen, die ihren Ursprung im bergmännischen und erzgebirgi-

Die spektakulärsten Blicke von oben

- Der höchste Punkt Sachsens: **Fichtelberg** (1214 m) ❯ S. 108.
- Einen Panoramablick auf die Elbe und die Felsen der Sächsischen Schweiz bietet die **Bastei** ❯ S. 60.
- An der tschechischen Grenze bei Schmilka in der Sächsischen Schweiz lädt der **Große Winterberg** zum Rundumblick.
- Von Dresden bis Meißen reicht der Blick vom **Spitzhaus** in Radebeul.
- Der Blick auf Dresden lohnt den Aufstieg zum **Hausmannsturm** ❯ S. 50.
- Der **Schwedenstein** ist eine Bergkuppe zwischen Dresden und Pulsnitz mit grandioser Aussicht auf Erzgebirge und Elbtal.
- Die Görlitzer Altstadt im Blick hat man vom **Reichenbacher Turm** ❯ S. 83.
- **Löbauer Turm**. Sachsens Eiffelturm im Dreiländereck ❯ S. 88.
- **City-Hochhaus Leipzig**. Mit Panoramarestaurant ❯ S. 124.

schen Liedgut haben – und die noch immer gepflegt werden.

Um die Adventszeit funkelt und glitzert es in allen Straßen und Gassen, und der Marktplatz wird von einer prächtigen, 11 m hohen Weihnachtspyramide geschmückt. Im **Museum für bergmännische Volkskunst** ist eine Sammlung von Weihnachtspyramiden zu besichtigen. Daneben sind sehr schöne Schnitz- und Klöppelarbeiten sowie einige verblüffende Leistungen erzgebirgischer Tüftelei zu sehen – so etwa die Bergwerksmodelle, die auf Knopfdruck in Betrieb gehen. Das Museum ist im barocken Bortenreutherhaus untergebracht (Obere Zobelgasse 1; Di–Do, Sa, So 9.30 bis 17, Fr 13–17 Uhr).

Das weithin sichtbare Wahrzeichen der Stadt, die ***St. Wolfgangkirche**, wurde 1516–1540 erbaut. Im April 1945 brannte sie nach Bombenangriffen der Amerikaner aus, zwei Monate später stürz-

te ihr Gewölbe ein. Von außen schlicht und schmucklos, zeigt sich die größte Hallenkirche Sachsens nach der Restaurierung innen wieder in ursprünglicher Pracht. Nun kann auch der wertvolle Flügelaltar mit Bildern von Lucas Cranach d. Ä. wieder besichtigt werden (Mo–Fr 10–12, 14–16, Sa 10–12, 13–16, So nur 14–16, April–Okt. bis 17, Advent bis 18 Uhr). Lohnende Wanderziele (2–3 km) sind die Panoramagaststätten **Keilberg** (geschl. Mo, Di) und **Gleesberg** (geschl. Mo).

Info

Tourist-Information
Markt 1][08289 Schneeberg
Tel. 0 37 72/2 03 14
www.schneeberg.de

Hotels

■ **Jagdhaus Waldidyll**
Talstr. 1][08118 Hartenstein
Tel. 03 76 05/8 40
www.romantikhotel-waldidyll.de

In Schneeberg wird der deutsche Bergmannstag gefeiert

Zimmer/Suiten im Landhausstil in einem alten Forsthaus, mit ausgezeichnetem Restaurant »Feengarten«. ●●●

■ **Büttner**
Markt 3][Tel. 0 37 72/35 30
www.hotel-buettner.de
12 stilvolle Zimmer; Restaurant »Kreuzgewölbe« mit guter Küche. ●●

Restaurant

Goldne Sonne
Fürstenpl. 5][Tel. 0 37 72/37 09 17
www.goldne-sonne.de
Gediegene Küche im Kulturzentrum, Spezialität: Zickleinbraten. ●●

****Zwickau** 20

Die viertgrößte Stadt im Freistaat Sachsen (93 000 Einw.) war lange ein hässliches Entlein. Steinkohlebergbau ab 1837 und Stahlindustrie ab 1871 sorgten nicht nur für eine eindrucksvoll geschlossene Gründerzeitbebauung nördlich des mittelalterlichen Stadtkerns, sondern bis in die DDR-Zeit auch für Umweltverschmutzung.

Zwickau zählte zu den ersten Autobaustandorten in Deutschland. Horch, Audi und DKW liefen hier bis zum Zweiten Weltkrieg vom Band, der VEB Sachsenring baute ab 1958 in gut 30 Jahren über 3 Mio. »Trabis«. Heute werden Pkws im modernen VW-Werk Zwickau-Mosel sauberer produziert. Und die Stadt hat sich zu einem attraktiven Reiseziel entwickelt.

Am Hauptmarkt
Zwickaus architektonische Schätze gruppieren sich um den Haupt-

markt. Das ***Gewandhaus** (1522 bis 1525) war das Zunft- und Kaufhaus der Tuchmacher. An seinem eindrucksvollen fünfgeschossigen Giebel mit schönen Schmuckelementen ist das als Theater genutzte Gebäude leicht zu erkennen. Eine wahre Augenweide ist auch die neogotische Fassade am dreigeschossigen **Rathaus**. Sie entstand beim Umbau von 1866–67. Nur wenige Schritte entfernt liegen eine der ältesten Apotheken Sachsens, die **Löwenapotheke** in einem schlichten mittelalterlichen Eckhaus (1561), und das ***Dünnebierhaus** (1480) mit prächtigen Staffelgiebeln.

Das aus dem 16. Jh. stammende Geburtshaus Robert Schumanns wurde 1956 originalgetreu wieder aufgebaut. Hier dokumentiert das ***Museum im Robert-Schumann-Haus** das Leben und Werk des Komponisten (Hauptmarkt 5, www.schumannzwickau. de, Tel. 21 52 69; Di bis Fr 10–17, Sa, So 13–17 Uhr). Die Schumann-Konzerte im Kammermusiksaal sind ein Genuss.

****Dom St. Marien**
Reich verziert präsentiert sich die Fassade des Zwickauer Doms. Der Bau begann 1206 und zog sich über 400 Jahre hin. Prächtig ist auch die Innenausstattung mit gotischem Flügelaltar (tgl. 10 bis 18, Winter 13–17 Uhr, Turmbesteigungen: Mo bis Fr 15.30 Uhr).

Gegenüber dem Dom stehen die **Priesterhäuser**, die ältesten Wohnhäuser Ostdeutschlands (z. T. 13. Jh.) Hier kann man

Der Dom St. Marien in Zwickau

Wohnverhältnisse des Mittelalters erleben und viel über die Stadtgeschichte erfahren (Di–So 13 bis 18 Uhr; www.priesterhaeuser.de).

Gründerzeitviertel

Vor allem entlang der Leipziger Straße haben sich prächtige Straßenzüge aus der Gründerzeit erhalten. Wichtigste Bauten sind das **Ballhaus Neue Welt** (1902) und das ***Johannisbad**, ein renovierter Badetempel zwischen Gründerzeit und Jugendstil (1869), mit Fitness- und Wellnessbereich (Johannisstr. 16, Tel. 27 25 60, www.johannisbad.de; Mo, Mi 10–22, Di 7–22, Do 8–22, Fr 10–23, Sa, So 9–22 Uhr).

Echt gut!

Museen

Die **Städtischen Kunstsammlungen** zeigen Gemälde und Skulpturen vom 14. Jh. bis heute.

Sammlungsschwerpunkt ist das Schaffen des gebürtigen Zwickauers Max Pechstein (Lessingstr. 1, Tel. 03 75/83 45 10, www.kunstsammlungen-zwickau.de; Di–So 13–18 Uhr).

In den renovierten Gebäuden des ehemaligen Audi-Werkes präsentiert sich im ***August-Horch-Museum** eine Erlebniswelt rund um über 100 Jahre Zwickauer Automobilbau sowie den Autopionier August Horch (Audistr. 7, www.horch-museum.de, Tel. 27 17 38 12; Di–So 9.30–17 Uhr).

Info

Tourist Information
Hauptstr. 6][08056 Zwickau
Tel. 03 75/2 71 32 40
www.zwickautourist.de

Hotels

■ **Holiday Inn**
Kornmarkt 9][Tel. 03 75/2 79 20
www.holiday-inn.com/Zwickau
Moderner Komfort im Zentrum der Altstadt. ●●●

■ **In der Mühle**
Mühlenweg 1
08412 Werdau-Steinplies
Tel. 037 61/18 88 80
www.hotel-indermuehle.de
Romatisches Familienhotel, 5 km von Zwickau entfernt. ●●

Restaurants

■ **Alte Mühle**
Gewandhausstr. 7
Tel. 03 75/28 11 18
www.esstheater.com
»Kultur schmecken« ist das Motto des regelmäßig stattfindenden **Dinnertheaters im gemütlichen Lokal.** ●●●

⬛ **Philines**
Klosterstr. 1
Tel. 03 75/2 71 48 95
www.philines.de
Mediterrane Küche in warmer Kloster-
stube. Lauschiger Biergarten. ●●

Nightlife
⬛ **Theater Zwickau**
Tel. 03 75/2 74 11 46 47
www.theater-plauen-zwickau.de
Seit 1820 sorgt das Theater in drei
Spielstätten für anspruchsvolle Unter-
haltung.
⬛ **Konzert- u. Ballhaus Neue Welt**
Leipziger Str. 182
Tel. 03 75/2 71 32 60
Zu den Höhepunkten eines Zwickau-
Aufenthalts zählt eine Veranstaltung
im Jugendstil-Terrassensaal.
⬛ **Stadthalle**
Bergmannstr. 1
Tel. 03 75/2 71 31 10

Robert Schumann
Millionen Klavierschüler in aller
Welt haben sich an seinen Werken
versucht. 1810 wurde der Komponist in Zwickau geboren. Als Stu-
dent in Leipzig verliebte er sich in
die Tochter seines Klavierlehrers,
Clara Wieck, die er gegen den Wil-
len ihrer Eltern heiratete.
Von Leipzig aus unternahmen
beide viele Tourneen. 1844 zog die
junge Familie nach Dresden, wo
Schumann viel komponierte, ohne
dass ihm der Durchbruch gelang.
Als er 1850 Musikdirektor in
Düsseldorf wurde, war er bereits
krank. 1856 starb er in einer
Nervenheilanstalt in Bonn.

Konzerte, Ballett, Messen, Platz für
7000 Gäste.
Auch Zwickau besitzt eine Kneipen-
straße: **Sechs Lokale** in der **Peter-
Breuer-Straße** laden zum Besuch ein.
⬛ **Diskothek nachtwerk**
Olzmannstr. 51
Tel. 03 75/5 97 10 50
www.disco-nachtwerk.de
Partystimmung in einer alten
Maschinenhalle.

Ausflüge ab Zwickau

Lichtenstein
Oberhalb des romantischen Städtchens Lichtenstein zeigt das
DaetzCentrum beim Schloss eine
einmalige Sammlung internationaler Holzkunst (Tel. 03 72 04/
58 58 58, www.daetz-centrum.de;
tgl. 10–18 Uhr).
Junge Besucher lockt die nahe
Miniwelt mit berühmten Bauwerken im Miniaturformat
(Chemnitzer Str. 43, 09350 Lichtenstein, Tel. 03 72 04/7 22 55,
www.miniwelt.de; April–Okt. 9
bis 18 Uhr).

Hohenstein-Ernstthal
In dem kleinen Städtchen (16 000
Einw.) wurde 1842 der berühmte
Abenteuer-Schriftsteller Karl May
geboren. In seinem Geburtshaus
ist eine kleine Ausstellung zu sehen (Karl-May-Str. 54, Di–So 10
bis 17 Uhr); dort beginnt auch ein
Karl-May-Wanderweg. Bekannt
wurde die Doppelstadt durch die
Motorrad- und Autorennen auf
dem Sachsenring.

Unterwegs im Vogtland

Eibenstock 21

Der 600 m hoch gelegene Ort mit bunter neuromanischer Kirche ist beliebtes Wintersportziel. Aufwärmen und entspannen kann man sich in **Sachsens schönster Saunalandschaft,** den Badegärten Eibenstock (www.badegaer ten.de, Tel. 03 77 52/ 50 70).

Echt gut!

Im Sommer bietet die Talsperre zahlreiche Erholungsmöglichkeiten. Im Ortsteil Carlsfeld steht die 1688 fertig gestellte Trinitatiskirche. Sie gilt als frühestes Vorbild für die Dresdner Frauenkirche.

Morgenröthe-Rautenkranz 22

Die Deutsche Raumfahrtausstellung in Morgenröthe-Rautenkranz war ursprünglich dem dort geborenen ersten deutschen Kosmonauten Sigmund Jähn gewidmet. Inzwischen sind einige Exponate dazugekommen, z. B. ein Trainingsmodul der Raumstation »Mir« (Tel. 03 74 65/ 25 38, Bahnhofstr. 4, tgl. 10–17 Uhr).

Klingenthal 23

Sportbegeisterte kennen Klingenthal (ca. 8900 Einw.) durch die Vogtlandarena mit ihrer modernen Schanze, Schauplatz zahlreicher Meisterschaften (www.vogt land-arena.de, tgl. 10–16 Uhr).

Musikfreunden ist Klingenthal ein Begriff als Industriezentrum mit Tradition im Musikwinkel, wo um 1860 jährlich 3 Mio. Mundharmonikas produziert wurden. Ungewöhnlich ist die 1737 erbaute **Rundkirche Zum Friedefürsten**. Das **Musik- und Wintersportmuseum** informiert über die eindrucksvolle Geschichte der Stadt (Schlossstr. 3; Di–Fr 10–16, Sa, So 13–17 Uhr).

Im Vorort Zwota ergänzt das **Harmonikamuseum** die Eindrücke des Instrumentenbaus (Kirchstr. 2, Tel. 03 74 67/2 22 62).

Die Umgebung (533–943 m) haben u.a. Aktivurlauber wegen der sauberen Luft in den Fichtenwäldern und der Sommerrodelbahn schätzen gelernt (Tel. 03 74 65/4 56 80). Der 24 m hohe ***Schneckenstein** ist Europas einziger Topasfelsen.

Info

Tourist-Information
Schlossstr. 3 a][08248 Klingenthal
Tel. 03 74 67/6 48 32 und
2 24 94 (Schneeinfos)
www.klingenthal.de

Hotel

■ **Alpenhof**
Markneukirchner Str. 34
Tel. 03 74 22/23 23
www.alpenhof-markneukirchen.de
8 Zimmer im Landhausstil, vogtländische Spezialitäten im Restaurant, Schauwerkstatt. ●●

■ **Heiterer Blick**
Oberer Berg 54][Tel. 03 74 22/26 95
www.heiterer-blick.de
Berggasthof mit schönem Ausblick. ●
■ **Landhotel Gasthof Zwota**
Klingenthaler Str. 56
08267 Zwota][Tel. 03 74 67/56 70
www.gasthof-zwota.de
Rustikales Familienhotel am Vogtland
Panoramaweg, mit Hallenbad. ●

Schöneck 24

Der beliebte Wintersportort ist
Ausgangspunkt der Kammloipe.
Im tropischen Erlebnisbad »Aqua
World« kann man sich wieder
aufwärmen. Angeschlossen ist das
IFA-Hotel und ein Ferienpark
(Tel. 03 74 64/30, www.ifa-ferien
park.de).

Jährlich im Mai findet im benachbarten **Muldenberg** Deutschlands größtes Schauflößen statt
(Tel. 03 74 65/67 64, www.floes
ser-verein.de).

Markneu-
kirchen 25

Das Städtchen (ca. 7000 Einw.) ist
das Zentrum des deutschen Or-
chesterinstrumentenbaus. Böhmische Geigenbauer, die wegen
ihres protestantischen Glaubens
nach Kursachsen emigriert waren
(1650–1670), begründeten diesen
Wirtschaftszweig. Hier entstanden
kurz vor dem Ersten Weltkrieg
75 % aller weltweit produzierten
Saiteninstrumente. Markneukirchen verfügt noch heute über
zahlreiche Geigenbauerwerkstät-

Im Musikinstrumenten-Museum

ten, Werkstattbesuche vermittelt
das Tourismusbüro. Die Musik-
halle ist ein viel bespielter Kon-
zertsaal.

Im Paulus-Schlössel (1784–89)
zeigt das *Musikinstrumenten-
Museum fast 1000 Instrumente
aus aller Welt (Bienengarten 2,
www.museum-markneukirchen.
de, Tel. 03 74 22/20 18; April bis
Okt. Di–So 10–17, Nov.–März
10–16 Uhr). Teils kuriose mecha-
nische Instrumente zeigt **Hüttel's
Musikwerkausstellung** (Ortsteil
Wohlhausen, Hauptstr. 10, Tel.
03 74 22/20 69; tgl. 9–18 Uhr).

Info

Tourismusbüro Markneukirchen
Trobitzschen 14
08258 Markneukirchen
Tel. 03 74 22/4 07 75
www.markneukirchen.de

Landwüst 26

Das *Vogtländische Freilichtmuseum mit mehreren historischen
Bauernhöfen gibt einen anschau-
lichen Einblick in das Alltagsle-

ben der Landbevölkerung (Di–So 10–17 Uhr; www.vogtlaendisches-freilichtmuseum.de).

Am Rand der Gemeinde erhebt sich der **Wirtsberg** (664 m), einer der eindrucksvollsten Aussichtspunkte im Vogtland.

Bad Brambach 27

Schon 1812 wurden die Mineralquellen im Sauerbrunnen von Unterbrambach chemisch untersucht: Sie erwiesen sich als die stärksten Radiumquellen der Welt. 100 Jahre später begann der eigentliche Kurbetrieb, und erst 1922 wurde der Ort als Bad anerkannt. Heute lädt die Badelandschaft »Aquadon« zur Erholung (Tel. 8 82 67, www.saechsische-staatsbaeder.de; tgl. 9–22 Uhr).

Hotel

Ramada Hotel Bad Brambach
Badstr. 45][**Tel. 03 74 38/21 00**
www.vogtland-resort.de
Mondänes Hotel in historischen Gebäuden am Kurpark. ●●

*Bad Elster 28

Das Kurzentrum im ***Bäderwinkel**, dem Dreiländereck Bayern-Böhmen-Sachsen, hat sich noch etwas vom mondänen und weltoffenen Flair des einstigen königlich-sächsischen Staatsbades (1848) erhalten. Die historische Kulisse von Kurtheater, Konzertpavillons und Badehaus erinnert daran.

Seit je herrscht in dem Moorund Mineralbad Hochbetrieb.

Der heilsame Elster-Säuerling stammt aus der 1789 gefassten Moritzquelle oder den Marienquellen (19. Jh.). 2008 wurde bei Bohrungen in 900 m Tiefe eine Solequelle mit 36 °C warmem Heilwasser entdeckt, die ebenfalls erschlossen werden soll.

Zu einer Vogtland-Reise gehören zudem ein Wellnessnachmittag im »Elsterado« (www.saechsischestaatsbaeder.de) und ein Konzertbesuch im liebevoll restaurierten König-Albert-Theater bzw. im Kurhaus (www.chursaechsische.de).

Echt gut!

Info

Info-Center
Kurhaus][**08645 Bad Elster**
Tel. 03 74 37/7 11 11
www.badelster.de

Hotels

■ **Ambiente Hotel Quellenpark**
Ascher Str. 20
Tel. 03 74 37/56 00
www.quellenpark.de
Stilvolles Wohnen in idyllischem Park. ●●

■ **Parkhotel Helene**
Parkstr. 33][**Tel. 03 74 37/5 00**
www.parkhotel-helene.de
Zentral, ruhig, familienfreundliche Atmosphäre. ●

Restaurant

Café-Restaurant Waldschlösschen
Carl-August-Klingner-Str. 5
Tel. 03 74 37/53 45 20
Die denkmalgeschützte Außenanlage wurde in Anlehnung an historische Pläne wiederhergestellt. Idyllisch am Naturtheater gelegen. ●

*Plauen 29

Weltberühmt wurde die Stadt (ca. 68 000 Einw.) im 19. Jh. durch die Produktion von Textilspitzen. Ihr Wohlstand zeigte sich in bedeutenden Bürgerhäusern, die jedoch teilweise bei Bombenangriffen zerstört wurden. 1989 spielte Plauen bei der Friedlichen Revolution eine maßgebliche Rolle.

An der ***St. Johanniskirche** (1122) sind nahtlos Bauteile verschiedener Epochen miteinander verwachsen: Die Doppeltürme entstanden um 1250, die barocken Hauben 1644. Die Vogtskapelle wurde 1322 gebaut, die dreischiffige Hallenkirche mit dem Sternkreuzgewölbe folgte erst 1548. Als »Pons lapideus« 1244 erstmals urkundlich erwähnt, ist die eindrucksvolle **Alte Elsterbrücke**, Sachsens älteste Steinbrücke, eine Meisterleistung der damaligen Zeit.

Im Stadtkern überragt der 64 m hohe Turm des **Neuen Rathauses** (1912–1923) die anderen Gebäude. Mittelalterlichen Wohlstand demonstriert das ***Alte Rathaus** am Altmarkt, das schon 1382 urkundlich belegt ist. Sein Renaissancegiebel von 1548 ist Wahrzeichen der Stadt. Im Inneren sollte man sich das einzigartige **Plauener Spitzenmuseum** in kostbar ausgestatteten Räumen nicht entgehen lassen (Tel. 22 23 55; Di–Fr 10–17, Sa, So 10–16 Uhr).

Drei barocke Patrizierhäuser (Nobelstr. 9–13) gehören zu den wenigen erhaltenen alten Bürgerhäusern und beherbergen das

Das Albertbad in Bad Elster

Vogtlandmuseum. Zu dessen wertvollsten Sammlungen zählen Werke der Vogtländischen Malerei sowie Zinn und Mobiliar des 18. und 19. Jhs. (Di–So 11 bis 17 Uhr). An den Karikaturisten der »Vater und Sohn«-Bildgeschichten, Erich Ohser alias E. O. Plauen, erinnert die **Galerie e. o. plauen** (Nobelstr. 7, www.galerie. e.o.plauen.de, Tel. 2 91 23 44, Di bis So 11–17 Uhr).

Info

Tourist-Information
Unterer Graben 1][08523 Plauen
Tel. 0 37 41/2 91 10 27
www.plauen.de

Hotels

■ **Alexandra**
Bahnhofstr. 17
Tel. 0 37 41/22 14 14
www.hotel-alexandra-plauen.de.
Traditionsreiches familiengeführtes
Haus mit Wellnessangebot im Zentrum.
●●●

■ **Dormero Hotel**
Theaterstr. 7][Tel. 0 37 41/12 10
www.dormero.com

Echt gut!

Moderneres Innenstadt-Hotel in ruhiger Lage; individuelle stilvolle Zimmer, Wellnessbereich; gutes Restaurant. ●●

Restaurants

■ **Gasthaus und Pension Matsch**
Nobelstr. 1–5
Tel. 0 37 41/20 48 07
www.matsch-plauen.de
Plauens ältestes Gasthaus mit romantischem Innenhof serviert vogtländische Spezialitäten. ●

■ **Altes Handelshaus**
Straßberger Str. 17
Tel. 0 37 41/14 96 99
www.altes-handelshaus.de
Historisches Wirtshaus mit romantischem Hofgarten und bodenständiger Küche. ●●

Shopping

Plauener Spitzen findet man u. a. bei:
■ **Mode Spitze**
Annenstr. 9
www.modespitze.de
Werksverkauf Mo–Fr 10–13, 14–17 Uhr, Sa 10–12 Uhr
■ **Dietrich Wetzel KG Werksverkauf**
Reißiger Str. 12
Tel. 0 37 41/12 09 29
■ **Schaustickerei**
Obstgartenweg 1
Tel. 0 37 41/44 31 87
www.schaustickerei-plauen.de
Mo–Sa 10–17 Uhr
Echt gut! Schauvorführungen auf historischen Stickmaschinen.
■ **Buchhandlung des Vogtländischen Heimatverlages Neupert**
Klostermarkt 9
Tel. 0 37 41/28 01 75
www.vogtlaendischer-heimatverlag-neupert-plauen.de

Nightlife

■ **Stadttheater**
Theaterplatz 1
Tel. 0 37 41/2 81 34 32
www.theater-plauen-zwickau.de
Seit 1898 kulturelles Zentrum des Vogtlands mit allen Bühnengenres.
■ **Malzhaus**
Alter Teich 9][Tel. 0 37 41/15 32 22
www.malzhaus.de
Kulturzentrum mit Gastronomie im Barockbau (1727–30) auf den Grundmauern der Burg (12. Jh.).

Ausflüge in die Vogtländische Schweiz

Die Umgebung Plauens gilt als eine der schönsten sächsischen Landschaften. Besonders das Triebtal bei **Jocketa**, das schon im 19. Jh. ein beliebtes Wanderziel war, und das Naturschutzgebiet Steinicht bei **Ruppertsgrün** mit seinen Klettermöglichkeiten verhalf ihr zu diesem Ruf.

Syrau

Beliebtes Ausflugsziel sind die *Turm-Holländerwindmühle, die letzte von einst 30 Vogtlandmühlen (Mai–Sept. Di–So 11 bis 16 Uhr), und die **Drachenhöhle**, eine 1928 entdeckte Tropfsteinhöhle (Tel. 03 74 31/37 35, April bis Okt. tgl. 9.30–17, Nov. bis März 10–16 Uhr).

Talsperre Pöhl

Zum größten Erholungsgebiet Südwestsachsens wurde die Region durch die 1958–1964 erbaute

Talsperre, der das überflutete Dorf Pöhl den Namen gab. Nahe der Talsperre legen zwei Fahrgastschiffe zu Rundfahrten ab (April–Okt.; Parkplatz am Naturfreibad, 400 m Fußweg).

Info

Zweckverband Talsperre
Hauptstr. 51
08543 Pöhl-Möschwitz
Tel. 03 74 39/45 00
www.talsperre-poehl.de

Lengenfeld

Ein Paradies für Kinder ist der Freizeitpark Plohn, u. a. mit Tiergehegen, Westernranch und Märchenwald (Ostern–Ende Okt. tgl. 10–17, Juni–Aug. bis 18 Uhr; www.freizeitpark-plohn.de).

**Göltzschtalbrücke

Echt gut!

Die **größte Ziegelbrücke der Welt** (1846–1851), ist 574 m lang, hat 81 Brückenbögen und erreicht mit vier Stockwerken 78 m Höhe. Das Bauwerk entstand im Zuge der Errichtung der Eisenbahnstrecke Leipzig–Hof und wird noch befahren (www.goeltzschtalbruecke.info).

Ca. 5 km südlich liegt die *Elstertalbrücke (279 m lang und 68 m hoch).

Mylau 30

Bedeutendste Sehenswürdigkeit des Ortes Mylau ist die **Burg**. Der Bergfried, die beiden Vierecktürme und die Höfe entstanden um 1180. Nach 1400 wurden sie im gotischen Stil ausgebaut.

Die große Vorburganlage mit dem Marktor und der einstigen Gerichtsstube gehörten dazu. Ein Treppentürmchen im unteren Burghof erinnert an den Umbau zur Renaissancezeit (16. Jh.), und die Stadt Mylau fügte u. a. den Gebäudekomplex an, der auch das **Heimatmuseum** aufnimmt (0 37 65/3 42 47, www.burgmylau.de; Feb.–Okt. Di–Do und Sa, So 10–16.30 Uhr). Am ersten Septemberwochenende wird das Burgfest gefeiert, mit Ritterturnieren, Minnesang und Schlemmereien nach Ritterart.

Reichenbach 31

Theaterfreunde zieht es nach Reichenbach (ca. 21 000 Einw.), eine Industriestadt mit Gründerzeit-Zentrum. Dort wurde 1697 im Alten Gerichtshaus (13. Jh.) Friederike Caroline Neuber (die »Neuberin«) geboren, die Wegbereiterin des bürgerlichen deutschen Nationaltheaters. Im **Neuberin-Museum** wird liebevoll ihr Leben als Schauspielerin und Leiterin einer Wandertheatergruppe vor Augen geführt. (Johannisplatz 3, Di–Fr 10–16 Uhr, So 13 bis 16 Uhr, Tel. 0 37 65/2 11 31).

Das nahe **Neuberinhaus** ist ein bedeutendes regionales Kulturzentrum mit Tourist-Information (www.reichenbach-vogtland.de). In der nach einem Brand 1720–22 wieder errichteten **Stadtkirche St. Peter und Paul** mit einer Silbermann-Orgel finden Sommerkonzerte statt (Infos Tel. 0 37 65/ 7 83 80).

Leipzig und Umgebung

Nicht verpassen!

- Dem Thomanerchor am Grab Bachs lauschen
- Das Leipziger Gosebier probieren
- Eine Bootsfahrt durch Plagwitz
- Shoppen in den zahlreichen historischen und modernen Passagen

Zur Orientierung

Die größte Stadt Sachsens (525 000 Einw.) ist traditionsreiche Messe-, Musik-, Buch- und Universitätsstadt. Die Friedliche Revolution vom Herbst 1989, die umfassende Sanierung der historischen Bausubstanz und die Ansiedlung hochkarätiger Großbetriebe zeigen: Die Leipziger wollen politisch und wirtschaftlich hoch hinaus. Prachtvolle Bauten zeugen von Leipziger Handelstradition und Bürgerstolz. Entlang der Leipziger Notenspur dagegen kann man Schauplätze europäischer Musikgeschichte entdecken (www.notenspur.de). Und wer sich einfach nur amüsieren will, genießt die lebhafte Kneipenszene der Stadt. Im Umland gibt es Burgen im Muldental und im Norden zu entdecken sowie die neu gefluteten Seen in den ehemaligen Abbaugebieten.

Touren in der Region

In die Dübener Heide

---⑬--- **Leipzig › Machern › Wurzen › Eilenburg › Bad Düben › Delitzsch › Leipzig**

Länge: 120 km
Dauer: 1–2 Tage

Auf der Leipziger Buchmesse

Praktische Hinweise: Diese Rundtour ist nur mit dem Auto sinnvoll machbar. Einzeln sind die Orte von Leipzig aus gut mit Regionalexpress oder S-Bahn zu erreichen.

Niedrige Hügel und die weite Ebene des Leipziger Beckens prägen die Landschaft dieser Rundfahrt. Erstes Ziel sind die beiden Schlösser in **Machern** › S. 132 und dem Vorort **Püchau** mit ihren schönen Landschaftsgärten. Weiter geht es in die Ringelnatzstadt **Wurzen** › S. 133. Dem berühmtesten Sohn der Stadt ist eine Ausstellung im Museum des Ortes gewidmet. In der historischen Altstadt finden sich mehrere Möglichkeiten zur Mittagseinkehr. Den Spuren Martin Luthers kann man am Nachmittag in **Eilenburg** folgen. Martin Luther hielt sich mehrfach in der Burg des historischen Städtchens auf und predigte in der Bergkirche St. Marien. Tagesetappe ist **Bad Düben** › S. 131, hier bietet der Burgturm eine tolle Aussicht und das »Heidespa« Entspannung. Wanderfreunde nutzen am nächsten Vormittag das angrenzende Waldgebiet der **Dübener Heide** › S. 132 für aktive Landschaftserkundung. Über **Delitzsch** › S. 131, wo Barockschloss und Schlosspark eine Pause lohnen, geht es im Anschluss wieder zurück nach ****Leipzig**.

Mit dem Rad durchs Muldental

**━⑭━ Glauchau › Penig ›
Wechselburg › Rochlitz ›
Colditz › Grimma › Wurzen ›
Eilenburg › Bad Düben**

Länge: 150 km; **Dauer:** 3 Tage
Praktische Hinweise: Der
Muldentalradweg ist beliebter
Radwanderweg, der entweder
auf eigener Trasse oder überwiegend auf Nebenstraßen verläuft. Wer größere Steigungen
vermeiden möchte, muss auf
den Ausflug nach Leisnig ver-
zichten und spart rund 20 km
(www.muldentalradweg.de).
Der Startpunkt Glauchau ist
auch ab Chemnitz gut mit der
Bahn (30 Min.) zu erreichen.
Die Strecke kann man auch
mit dem Auto oder mit der
Bahn abfahren.

Startpunkt ist **Glauchau** › S. 138
mit seinen beiden Schlössern und
der barocken Stadtkirche. Auf der
südöstlichen Flussseite geht es
teils durch den romantischen
Grünfelder Park nach **Waldenburg** › S. 138. Hier fällt das eng-
lisch anmutende Schloss der Fürs-
ten von Schönburg-Waldenburg
auf. Über Niederwinkel radelt
man nun auf einem Wanderweg
in Richtung Wolkenburg, wech-
selt hier zum linken Muldenufer,

bevor man über die Hängebrücke
Thierbach erneut den Fluss überquert, um ins mittelalterliche **Penig** › S. 138 zu gelangen.

Das mittelalterliche **Schloss
Rochsburg** › S. 138 lohnt eine
Pause. In Lunzenau, Göhren mit
einem eindrucksvollen Viadukt
und Altzschillen überquert man
die Mulde erneut, um in **Kloster
Wechselburg** › S. 137 eine be-
sinnliche Pause einzulegen oder
vielleicht schon zu übernachten.
Nächster Höhepunkt ist **Rochlitz**
› S. 135 mit seinem doppeltürmigen Schloss. Nach weiteren 14 km
(oder 40 km beim hügeligen Umweg zur sehenswerten Burg Mildenstein in **Leisnig** › S. 134 erreicht man die Schlossstadt
Colditz › S. 134. Ab Sermuth
folgt der Weg (teils auf romantischem alten Bahndamm) der ver-
einigten Mulde über Kössern und
Nimbschen › S. 133, wo man bereits eine schöne Übernachtungs-
möglichkeit hat, nach **Grimma**
› S. 133. Zwischen **Trebsen**
› S. 133 mit einem schönen Was-
serschloss und **Wurzen** › S. 133
verlässt der Weg kurz die Mulde.
Danach sind zwei Routen Richtung Eilenburg ausgeschildert:
Wer noch mehr Schlösser sehen
will, fährt über **Nischwitz** › S. 133
und **Thallwitz**. 22 km weitgehend
flache Strecke sind es noch von
Eilenburg bis Bad Düben.

Leipzig und Umgebung

Unterwegs in Leipzig ■

**Haupt-bahnhof Ⓐ

Der größte Kopfbahnhof Europas, von dem 1839 die erste deutsche Fernbahnstrecke nach Dresden eröffnet wurde, ist für viele erster Anlaufpunkt in Leipzig. Nach aufwändigem Umbau ist er auch ein beliebtes Einkaufszentrum. Dennoch blieb in diesem Baudenkmal alles erhalten, was davon zeugt, dass es einmal getrennt preußisch und sächsisch verwaltet wurde: je zwei Hallen, Freitreppen und Nebeneingänge.

Augustusplatz

Hier stehen gleich mehrere Leipziger Wahrzeichen: Beim 2011 abgeschlossenen Neubau der Universität wurde in Anlehnung an die 1964 abgerissene gotische Paulinerkirche das neue **Paulinum** Ⓑ mit Aula und Universitätskirche St. Pauli errichtet.

Auf dem Dach des ***Kroch-Hochhauses** Ⓒ schlagen 3,5 m große Glockenmänner viertelstündlich die Glocke. Das 55 m hohe Gebäude war das erste Hochhaus der Stadt (1927/28).

Schräg gegenüber steht der erste Theaterneubau der DDR: Das ***Opernhaus** Ⓓ von 1956 ist wichtiger Ort der langen Musiktradition Leipzigs. Noch bekannter ist das ***Neue Gewandhaus** Ⓔ.

Davor steht der neobarocke **Mendebrunnen** (1886). In beiden Musiktempeln spielt das Gewandhausorchester, das zu den besten Klangkörpern Europas gehört. `Echt gut`

Das markanteste Gebäude am Platz ist das 1969 eingeweihte, 142 m hohe ***City-Hochhaus** Ⓕ. Vom Panoramarestaurant genießt man einen unvergleichlichen Blick über Stadt und Umland.

Als Stadtfeste erbaut und in den 1970er-Jahren von Studenten »ausgegraben« und saniert, bieten die unterirdischen Gewölbe des Studentenclubs ***Moritzbastei** Ⓖ einen attraktiven Rahmen für Theater, Disko und Gastronomie (www.moritzbastei.de).

**Nikolaikirche Ⓗ

Diese Kirche ist die älteste und größte der Messestadt (1165 errichtet, Umbauten im Inneren von 1784–1794). Ab 1981 war sie das Zentrum der oppositionellen Bürgergruppen und damit wichtigster Ausgangspunkt der friedlichen Revolution. Hörenswert ist die größte Orgel Sachsens mit 85 Registern.

Ganz in der Nähe der Nikolaikirche informiert das ***Zeitgeschichtliche Forum** Ⓘ anschaulich über die deutsche Geschichte vom Zweiten Weltkrieg mit Schwerpunkt DDR und Wende bis heute (Grimmaische Str. 6, Di–Fr 9–18, Sa, So 10–18 Uhr).

*Markt

Das Herz der Stadt verändert durch den Bau des City-Tunnels (geplante Eröffnung 2013), die neue Marktgalerie und das umgebaute Messehaus am Markt sein Gesicht. In unveränderter Schönheit präsentiert sich das im Jahr 1556 von Hieronymus Lotter erbaute **Alte Rathaus **J**, das auf den Grundmauern eines Vorgängerbaus errichtet wurde. Mit seinen sechs Zwerchgiebeln und dem Treppenturm mit der Kupferhaube ist der 91 m lange Bau eines der schönsten deutschen Renaissance-Rathäuser.

Sehenswert ist auch die **Alte Handelsbörse** hinter dem Rathaus, das älteste Barockhaus Leipzigs. Hier finden auch Konzerte und andere Kulturveranstaltungen statt. In der *Alten Waage **K**, 1555 nach Plänen Lotters erbaut, wurden Handelswaren gewogen und versteuert.

Thomaskirche **L

Ende des 15. Jhs. wurde die alte Thomaskirche zu einer spätgotischen Hallenkirche erweitert. Der Thomanerchor, der die Kirche weltberühmt machte, feierte 2012 sein 800-jähriges Bestehen. Seine Auftritte sind Glanzlichter des Musiklebens (Fr 18 Uhr, Sa 15 Uhr; www.thomaskirche.org). Sein berühmtester Kantor, Johann Sebastian Bach, liegt im Chorraum begraben. Das bronzene Bachdenkmal steht vor dem Südportal. Das erste Sandsteindenkmal, noch vom Gewandhauskapellmeister Felix Mendelssohn Bartholdy aufgestellt, steht in einer kleinen Parkanlage schräg gegenüber dem prächtigen Hauptportal von 1886. In Sichtweite wurde 2009 auch das von den Nazis zerstörte Mendelssohn-Denkmal wieder errichtet.

Echt gut

Das Alte Rathaus ist eines der schönsten deutschen Renaissance-Rathäuser

*Bosehaus Ⓜ

Bach musizierte auch oft vis-à-vis der Thomaskirche im Bosehaus, nach dem einstigen Hausbesitzer benannt. Heute sind hier das im Jahr 2010 neu gestaltete Bach-Museum sowie das Bach-Archiv untergebracht (www.bach-leipzig. de; tgl. 10–17 Uhr).

Drallewatsch

Das Barfußgässchen wie auch die angrenzenden Gassen sind Leipzigs innerstädtische Kneipenmeile, »Drallewatsch«, genannt. Die berühmteste Gaststätte ist *Zum arabischen Coffe Baum Ⓝ, das älteste Kaffeehaus Deutschlands: Bereits seit dem Jahr 1711 wird in dem Haus von 1570 Kaffee ausgeschenkt. Davon kann man sich im dritten Stock im **Museum zur Kaffeegeschichte** überzeugen (Kleine Fleischergasse 4, www.cof fe-baum.de, Tel. 9 61 00 60; tgl. ab 11 Uhr).

Katharinen-straße

Die einstige barocke Pracht Leipzigs hat sich an der Westseite der Katharinenstraße erhalten, so am *Fregehaus Ⓞ (Nr. 11) mit seinem prächtigen Giebel und den 16 Dachgauben sowie am mit Putten und Girlanden verzierte *Romanushaus Ⓟ. Haus Nr. 17 ist die neue Spielstätte des traditionsreichen Kabaretts »Leipziger Pfeffermühle« (Tel. 9 60 31 96).

Museen

Am Dittrichring 24 steht ein Flügelbau mit abgerundeter Fassade, das *Museum in der Runden Ecke Ⓠ. 1950–1989 war er Sitz der Bezirksverwaltung für Staatssicherheit. Bei der Friedlichen Revolution wurde ein Großteil der Daten und der Einrichtung vor der Vernichtung bewahrt. Heute ist hier eine Ausstellung über das Überwachungssystem der DDR untergebracht (Tel. 9 61 24 43, www.runde-ecke-leipzig.de; tgl. 10–18 Uhr, Eintritt frei).

Das **Museum der Bildenden Künste Ⓡ wurde 2004 eingeweiht. In dem riesigen Kubus mit gläserner Außenhaut ist Deutschlands älteste Bürgersammlung mit Kunst vom 15. Jh. über das 20. Jh. mit zahlreichen Werken von Klinger und Beckmann bis in die Gegenwart, der Neuen Leipziger Schule um Neo Rauch ausgestellt (www.mdbk.de; Di, Do–So 10–18, Mi 12–20 Uhr).

Gleich drei Sammlungen sind im restaurierten **Grassimuseum Ⓢ zu sehen: Das **Musikinstrumentenmuseum** zeigt die größte Sammlung Deutschlands. Im **Museum für Angewandte Kunst** wird Kunsthandwerk aus vielen Gattungen und Epochen ausgestellt. Das **Völkerkundemuseum** bietet Einblicke in die Kulturen Asiens und Ozeaniens (Johannisplatz 5–11, www.grassi museum.de; Di–So 10–18 Uhr).

Im Wohn- und Sterbehaus des berühmten Musikers, dem **Mendelssohn-Haus Ⓣ**, werden Leben und Werk gezeigt (Goldschmidt-str. 12, tgl. 10–18 Uhr, www.mendelssohn-stiftung.de).

12 Leipziger Messehäuser

Seit 1268 gilt Leipzig als Messe-stadt. 1895 wurde hier die welt-weit erste Mustermesse abgehal-ten. Drei Typen von Messebauten gibt es: Messehäuser, Messehöfe und Passagen. Der Stadtkern weist 16 Messehäuser auf, in de-nen heute meist Geschäfte, Res-taurants und Büros zu finden sind. Die meisten entstanden An-fang des 20. Jhs. im Jugendstil. Premierenbau (1893–1901) war das kolonnadenverzierte **Städti-sche Kaufhaus** Ⓤ. Es gilt weltweit als erster moderner Messepalast.

Ältester Messehof ist **Barthels Hof** Ⓥ. Er wurde 1748–1750 er-baut, als man noch Tauschhandel betrieb, was viel Platz erforderte und zum Bau riesiger Durch-gangshöfe führte. Dort fuhren die Planwagen hinein, wurden durch Kräne entladen und konnten ohne Wendemanöver den Hof wieder verlassen. Der architektonisch wohl am besten gelungene Bau ist **Specks Hof** Ⓦ, der sich durch nachträgliche Überdachung be-reits zur Passage gewandelt hat.

Schon bei der Eröffnung 1914 war die **Mädlerpassage** Ⓧ in Europa beispiellos – mit 8000 m² Ausstellungsfläche auf fünf Ge-schossen, mit den Passagen, die nach Mailänder Vorbild gläsern überdacht waren. Nicht zu verges-sen ist natürlich das **Neue Messe-gelände** mit seiner riesigen glas-überdachten Haupthalle, heutiger Messeaustragungsort mit so re-nommierten Veranstaltungen wie der Leipziger Buchmesse und der Auto Mobil International.

Gohlis

Bedeutendste Attraktion in die-sem nördlichen Stadtteil ist der traditionsreiche **Zoo** Ⓥ. In den letzten Jahren wurde er zu ei-ner Erlebniswelt umgestaltet, die eine Entdeckertour in ferne Län-der ermöglicht. Neueste Attrak-tion ist die Tropenhalle Gondwa-naland (Pfaffendorfer Str. 29, Tel. 5 93 35 00, www.zoo-leipzig.de; Jan.–März und Nov./Dez. tgl. 9 bis 17, April/Okt. 9–18, Mai–Sept. 9–19 Uhr).

Echt gut

Das **Gohliser Schlösschen** gilt als außergewöhnliches Zeugnis barocker bürgerlicher Wohnkul-tur (Menckestr. 23; Führungen nach Anm.: Tel. 58 96 90). Das 1717 erbaute **Schillerhaus** erin-nert an Friedrich Schillers Leip-zig-Aufenthalt (Menckestr. 42; Di bis So 11–18, Winter 17 Uhr).

Plagwitz

Einst ein Industrievorort, heute trendige Wohngegend mit Vene-dig-Flair ist Plagwitz mit den an-grenzenden Stadtteilen. Schön ist eine **Bootspartie auf dem Karl-Heine-Kanal** (Boot Herold, Tel. 4 01 10 59, Antonienstr. 2). Vom Restaurant »Da Vito« (Nonnenstr. 11 b, Tel. 4 80 26 26) aus kann

Echt gut

man sich sogar von einem echten Gondoliere fahren lassen.

Die ehemalige ***Baumwollspinnerei** hat sich in ein eindrucksvolles Zentrum Moderner Kunst mit zahlreichen Galerien und Ateliers verwandelt (Spinnereistr. 7, www.spinnerei.de).

Echt gut!

Leipzigs Süden

Die Südvorstadt und Connewitz entlang der »Südmeile« oder »KarLi« genannten Karl-Liebknecht-Straße ist Leipzigs alternatives Szeneviertel. Auch einige Attraktionen liegen in der Nähe:

Seit 2009 laden im ***Asisi Panometer** riesige wechselnde Panoramabilder zu virtuellen Reisen ein (Richard-Lehmann-Str. 114, www.panometer.de, Tel. 1 21 33; Di–Fr 10–17 Uhr, Sa, So, Fei 10 bis 18 Uhr).

Von der **Mediacity** sendet der MDR. In den angrenzenden Studios werden beliebte Serien wie »In aller Freundschaft« gedreht.

In der Deutschen Bücherei ist das ***Deutsche Buch- und Schriftmuseum** untergebracht (Deutscher Platz 1; Mo–Sa 9–16 Uhr).

Das ***Völkerschlachtdenkmal**, ein 91 m hoher Granitkoloss, zum 100. Jahrestag der Völkerschlacht 1913 erbaut, bietet einen prächtigen Ausblick (tgl. 9–18, Winter bis 16 Uhr).

An die 22 000 gefallenen russischen Soldaten der Völkerschlacht erinnert die ***Russische Gedächtniskirche** (P.-Rosenthal-Str. 51a; tgl. 10–13 und 14–17, Winter bis 16 Uhr).

Das Gohliser Schlösschen

Info

LTM-Tourist-Information
Katharinenstr. 8
04109 Leipzig
Tel. 03 41/7 10 42 65
www.ltm-leipzig.de
Hier gibt es auch kostenlose Stadtmagazine mit Veranstaltungstipps.

Hotels

■ **Hotel Fürstenhof**
Tröndlinring 8][04105 Leipzig
Tel. 03 41/14 00
www.arabellasheraton.com
Modernstes Interieur kombiniert mit nostalgischem Charme in einem exklusiven Patrizierpalais. ●●●

■ **Penta Hotel**
Großer Brockhaus 3][04103 Leipzig
Tel. 03 41/1 29 20
www.pentahotels.com/de/leipzig
Modernes Designhotel mit großem Poolbereich. ●●

■ **Seaside Parkhotel**
Richard-Wagner-Str. 7
04109 Leipzig][Tel. 03 41/9 85 20
www.park-hotel-leipzig.de

Wohnen im Art-déco-Ambiente
gegenüber dem Bahnhof. ●●

■ **Motel One**
Nikolaistr. 23
04109 Leipzig
Tel. 03 41/3 37 43 70
www.motel-one.com
Günstige und komfortable Option
mitten im Zentrum. ●

Restaurants

■ **Auerbachs Keller**
Grimmaische Str. 2–4
04109 Leipzig][Tel. 03 41/21 61 00
www.auerbachs-keller-leipzig.de
Echt gut! Weltberühmt durch Goethes Drama
»Faust«. ●●●

■ **Falco**
Gerberstr. 15][04105 Leipzig
Tel. 03 41/98 80
In der 27. Etage des Westin-Hotels.
Peter Maria Schnurr hat hier als Erster
in den neuen Bundesländern zwei
Sterne erkocht. ●●●

■ **Weinstock**
Markt 7][04109 Leipzig
Tel. 03 41/14 06 06 06
Leichte Küche in modernem Design. ●●

■ **Zest**
Bornaische Str. 54][04277 Leipzig
Tel. 03 41/2 31 91 26
Beliebtes vegetarisches Restaurant.
●●

■ **Panorama Tower**
im City-Hochhaus
Augustusplatz 9
04109 Leipzig
Tel. 03 41/7 10 05 90
www.panorama-leipzig.de
Echt gut! Der beste Blick auf Leipzig. ●●

■ **Café Luise**
Bosestr. 4][04109 Leipzig
Tel. 03 41/9 61 14 88
Sehen und gesehen werden. ●●

■ **Gosenschenke Ohne Bedenken**
Menckestr. 5][04155 Leipzig
Tel. 03 41/5 66 23 60
Leipziger Weißbier und Gosenhappen
(gesäuerter Camembert), volkstüm-
licher Biergarten. ●

■ **Sol y Mar**
Gottschedstr. 4][04109 Leipzig
Tel. 03 41/9 61 57 21
Flippiges Lokal im Kneipenviertel
weckt Urlaubsgefühle. ●

Nightlife

■ **Oper**
Augustusplatz 12][04109 Leipzig
Tel. 03 41/1 26 12 61
www.oper-leipzig.de

■ **Gewandhaus zu Leipzig**
Augustusplatz 8][04109 Leipzig
Karten-Tel. 03 41/1 27 02 80
www.gewandhaus.de

■ **Academixer-Keller**
Kupfergasse 2][04109 Leipzig
Tel. 03 41/21 78 78 78
www.academixer.com
Club-Kneipe des bekannten Kabaretts.

■ **Revuetheater am Palmengarten**
Jahnallee 52][04177 Leipzig
Tel. 03 41/2 25 51 72
www.palmengarten-leipzig.de
Kleinkunst und Varieté in einer ehe-
maligen Gastankstelle..

■ **Kulturfabrik Werk II.**
am Connewitzer Kreuz
Tel. 03 41/3 08 01 40
www.werk-2.de
Konzerte, Theater und Tanz in denkmal-
geschützten Fabrikhallen.

■ **Krystallpalast**
Magazingasse 4][04109 Leipzig
Tel. 03 41/14 06 60
www.krystallpalast.de
Im Gründerzeitambiente Galamenü
und Varieté genießen.

Karte
Seite 123

Shopping

■ Einkaufsstraßen in der Innenstadt: Peters-, Hain-, Grimmaische Straße sowie die Passagen und Messehöfe.

■ Leipzig-Literatur und Souvenirs führt die **Buchhandlung Bachmann in den Arkaden des Alten Rathauses**.

■ **Edler Tropfen**
Markt 1][**04109 Leipzig**
Tel. 03 41/9 60 24 41
In den Arkaden des Alten Rathauses; Spezialität: der J.-S.-Bach-Likör.

Ausflug ins *Neuseenland

Wo einst riesige Kohlebagger das Schwarze Gold aus der Erde holten, breitet sich heute das Leipziger Neuseenland aus. Viele der Seen sind bereits vollständig geflutet und haben eine hervorragende touristische Infrastruktur.

Am Seglerhafen Zöbigker mit dem Pier 1 und einer **See-Sauna** am 441 ha großen Cospudener See fühlt man sich nach Skandinavien oder in die USA versetzt. Weite Badestrände besitzt das Nordufer, aber auch der benachbarte 249 ha große Markkleeberger See oder der 150 ha große Kulkwitzer See. Ein Dorado für Kanu, Wakeboard, Rafting, Segeln und vieles mehr. Mit dem Vineta-Projekt gibt es sogar eine schwimmende Kirche (www.leipziger neuseenland.de). In **Großpösna** kann man das Barockschloss Güldengossa (www.schloss-gueldengossa.de) besichtigen.

Unterwegs im Leipziger Umland

Delitzsch ❷

Ein charakteristischer Zwiebelturm bekrönt das **Barockschloss** in Delitzsch. Außer den fürstlichen Residenzgemächern und der Schlossküche sollte man einen Spaziergang durch den wunderschönen Schlosspark nicht versäumen (Di–So 10–17 Uhr, www.delitzsch.de). Delitzsch mit seinem mittelalterlichen Stadtkern und Resten einer Stadtbefestigung ist auch ein beliebter Ausgangspunkt für Ausflüge zum Schladitzer See oder zum Großen Goitzschsee.

Bad Düben ❸

Touristischer Anziehungspunkt des Heidestädtchens und Moorbades ist die 981 erstmals erwähnte **Burg**. Im Gerichtszimmer erinnert eine Ausstellung an den durch die Kleistsche Novelle berühmt gewordenen Michael Kohlhaas. Einen Schwerpunkt des Museums bildet die Entwicklung der Dübener Heide (Di–Do 9.30 bis 16, Fr 9.30–12, Sa 13–17, So 10–17; Nov.–Feb. bis 16 Uhr; Führungen nach Anmeldung unter Tel. 03 42 43/236 91, www.museumburgdueben.de).

Vom Burgturm aus kann man bereits das malerische Panorama des Naturparks Dübener Heide **Echt gut!** genießen, **Ostdeutschlands größter zusammenhängender Waldfläche** (ca. 2000 km^2). Das Grün der Wipfel von Kiefern, Buchen und Birken und das Blau der kleinen Seen dazwischen regen die Wanderlust an.

Wanderziele sind das **Waldbad Hammermühle** sowie die Naturschutzgebiete **Zadlitz** und **Wildenhainer Bruch**; auch die Wasserburg **Schnadnitz** lohnt den Abstecher.

Info

Tourismusverband Dübener Heide
Markt 1][06901 Kemberg
Tel. 03 49 21/2 03 91
www.duebenerheidetourist.de

Hotel

Heide Spa Hotel & Resort
Bitterfelder Str. 42
04849 Bad Düben
Tel. 03 42 43/3 36 60
www.heidespa.de

Bootsfahrt auf der Mulde

Anwendungen im hauseigenen Vitalcenter und direkte Verbindung zum **Wohlfühlbad mit Saunawelt und Erlebnisbereich für Kinder.** ●●

Restaurant

Kohlhaasen-Krug
Dorfstr. 7][04849 Wellaune
Tel. 03 42 43/2 48 77 (Mo geschl.)
Deftige Speisen zu Kohlhaas'schen Händel als Wandmalerei. ●●

Schloss Machern 4

Im Dorf Machern, von Leipzig mit der S-Bahn zu erreichen, lohnt der romantische Landschaftspark einen Besuch. Er wurde um das Schloss des Grafen von Lindenau (18. Jh.) angelegt. Zu sehen sind neben Ginkgo- und Tulpenbäumen (Blüte: Mai–Juni) Elemente sentimentaler Baukunst wie eine künstliche Burgruine oder eine Pyramide. Ein weiteres Schloss ist im Ortsteil **Püchau** von einem bemerkenswerten Englischen Garten umgeben.

Im Naherholungsgebiet **Lübschützer Teiche** kann man jeweils am letzten Wochenende im Monat (13–16 Uhr) in die ehemaligen Stasi-Bunker hinabsteigen (Tel. 03 41/9 61 24 43).

Hotel

Schlosshotel Kavalierhaus
Schlossplatz 1][04827 Machern
Tel. 03 42 92/80 90
www.schlossmachern.de
Stilvoll-moderner Komfort in schönem Ambiente. ●●●

*Wurzen 5

Weithin sichtbar sind die Türme der Stadt an der alten Muldenfurt, in der die Wasserkraft des Flusses schon früh für den Mühlenbetrieb genutzt wurde (Krietsch-Mühle). Die Hauptsehenswürdigkeiten sind der **Dom St. Marien**, das Bischofsschloss und das Stiftsgebäude. Der Dom war Sitz des letzten katholischen Bischofs von Sachsen vor der Reformation. Der Bau wurde 1931 von Georg Wrba ausgestaltet (Orgelführung und Turmbesteigung nach Vereinbarung, Tel. 9 05 00). Neben den Türmen von Dom und Bischofsschloss wird Wurzens Silhouette vom Turm der spätgotischen **Stadtkirche St. Wenceslai** geprägt (Turmbesteigung So und Fei 14 bis 18 Uhr). Im bedeutendsten Renaissancegebäude Wurzens in der Domgasse 2 ist das **Museum Wurzen** untergebracht. Es erinnert an den bedeutendsten Sohn der Stadt: Hans Gustav Bötticher (1883–1934), besser bekannt als Joachim Ringelnatz. Auch ein Brunnen ist dem Dichter gewidmet.

Nördlich von Wurzen steht in **Nischwitz** ein vom Sächsischen Reichsgrafen Brühl in Auftrag gegebenes Barockschloss, südlich, in **Trebsen**, ein Renaissanceschloss mit Rittergut.

Info

Wurzen-Information
Domgasse 2][04808 Wurzen
Tel. 0 34 25/8 56 04 00
www.kultur-wurzen.de

Grimma 6

Das Städtchen (ca. 18 000 Einw.) liegt malerisch im Muldental. Ins Auge fallen die beiden Türme der spätromanischen **Frauenkirche**. An die Gefährlichkeit des Flusses erinnern die Reste der 2002 zerstörten Pöppelmannbrücke. Direkt am Flussufer liegen das um 1200 gegründete Schloss und das aus einem Kloster hervorgegangene Gymnasium St. Augustin.

Vom städtischen Selbstbewusstsein zeugen auch die Bauten am Markt. Das prachtvolle **Rathaus** (1538–1585) und das Standesamt (1572) sind eindrucksvolle Beispiel der deutschen Renaissance.

Das älteste Bauwerk am Markt ist Haus Nr. 11 mit einem gotischen Erker (1550). 1797 richtete hier Georg Joachim Göschen, der wichtigste Verleger der deutschen Klassik, seine Druckerei ein und machte Grimma zu einem Druckzentrum in Sachsen. Das **Göschenhaus** im Ortsteil Hohnstädt, Wohnhaus des Verlegers, ist heute eine Gedenkstätte für den Schriftsteller Johann Gottfried Seume (1763–1810) (Schillerstr. 25, Tel. 91 11 18, www.goeschenhaus.de; Di, Do, Sa, So 10–17 Uhr). Mehr zu Grimmas Geschichte ist im **Kreismuseum** des Muldetalkreises zu erfahren (Paul-Gerhardt-Str. 43; Di–Fr und So 10–17 Uhr).

Info

Stadtinformation
Markt 16][04668 Grimma
Tel. 0 34 37/9 85 82 85
www.grimma.de

Hotel

Kloster Nimbschen

Nimbschener Landstr. 1
www.kloster-nimbschen.de
In dem Kloster lebte Luthers spätere
Frau Katharina von Bora 1509–1523.
In der Nachbarschaft entstand ein klei-
nes Hotel mit Klosterschänke. ●●

Restaurant

Ratskeller

Markt 27][**Tel. 0 34 37/94 24 94**
Traditionsrestaurant mit sächsischer
Küche; Biergarten. ●●

Ausflug nach Kaditzsch

Reizvoll ist eine **Muldefahrt** mit
dem Motorschiff (April–Okt. jede
volle Stunde ab Hängebrücke in
Grimma, Tel. 91 51 58) zur malerischen **Denkmalschmiede Höfgen** in Kaditzsch mit dem Museum Wassermühle und der letzten
noch funktionstüchtigen deutschen Schiffsmühle (Di–So 10 bis
13, 14–17 Uhr).

Hotel

Zur Schiffsmühle

04668 Höfgen
Tel. 0 34 37/7 60 20
www.schiffsmuehle.de
Restaurant, Biergarten und Hotel im
reizvollsten Ausflugsrevier. ●●

Colditz 7

Das weitgehend restaurierte
mächtige ***Schloss Colditz** erinnert an die kurze Glanzzeit, als
Colditz Residenzstadt war. Damals wurde der Komplex zu einem der schönsten deutschen Renaissanceschlösser (1778–1791)
umgebaut. Das hintere Schloss
sowie Wallanlagen und Fürsten-
haus mit Erker und Kapelle blieben im Kern spätgotisch erhalten.

Besucher interessiert besonders
das Fluchtmuseum Oflag IVc,
hatte doch das Schloss während
des Zweiten Weltkriegs als Lager
für kriegsgefangene alliierte Offi-
ziere gedient. Auch deren meist
erfolglose Ausbruchsversuche be-
scherten der Stadt traurige Berühmtheit, ebenso wie jüngst
häufige Nazi-Aufmärsche (April
bis Okt. tgl. 10–17, Führungen
10.30, 13 und 15 Uhr. Nov.–März
nur bis 16 Uhr; www.schloss-col
ditz.com).

*Leisnig 8

Weithin sichtbar über dem mit
Tausenden Obstbäumen be-
pflanzten Kirchberg an der Freiberger Mulde liegt das Städtchen
(ca. 7000 Einw.). Die nahe dem
Marktplatz auf einem Porphyr-
felsen thronende ***Burg Mildenstein** (11./14. Jh.), macht Leisnig
reizvoll, schon das **Panorama
vom Bergfried über die Stadt
und das Muldetal** lohnt den Weg.
Die Burgkapelle wartet mit kunstvollen Schnitzplastiken auf, und
im Rittersaal kann man den
3,70 m hohen Döbelner Riesen-
stiefel bestaunen, der bis 1996 der
größte Stulpenstiefel der Welt war.
Zum 950. Stadtjubiläum entstand
ein noch größeres Exemplar (Di
bis Fr 10–17, Sa/So bis 18 Uhr,

Echt gut.

Leisnig: Die Kirche St. Matthäi und im Hintergrund die Burg Mildenstein

Nov.–März jeweils 1 Stunde kürzer; www.burg-mildenstein.de).

Zum Bummeln lädt Leisnigs Stadtkern ein, vor allem im Viertel Teichgasse, Ziegelgasse und Webergasse bis hin zum Neumarkt. Direkt an der Freiberger Mulde liegen die sehenswerten Reste des **Klosters Buch**, einst eine der bedeutendsten Zisterzienserabteien in Sachsen.

Info

Gästeamt
Kirchstr. 15][**04703 Leisnig**
Tel. 03 43 21/63 70 90
www.leisnig.de
Hier werden auch Wandertouren ohne Gepäck und Bootswanderungen im Tal der Burgen angeboten.

*Rochlitz 9

Die Kleinstadt (ca. 6500 Einw.) wird im weiten Bogen von der Zwickauer Mulde umflossen. Sie zählt zu den ältesten Städten Sachsens (um 1100). Schon von Weitem sieht man die beiden »Jupen«, die Türme von *Schloss Rochlitz, das als Burg erstmals 995 erwähnt wurde. 24 Räume lohnen das Betrachten. Eine stilechte Burgküche kann man innerhalb Sachsens nur hier besichtigen. Die Schlosskapelle ist eine eindrucksvolle Aufführungsstätte für Kammerkonzerte. Zudem beherbergt das Schloss ein Heimatmuseum (Tel. 49 23 10, www.schloss-rochlitz.de; März–Okt. Di bis Fr 11.30–17 Uhr).

Nachdem man sich im Museum einen Einblick in die Ur- und Frühgeschichte der Region verschafft hat, wird man im Umfeld der Burg manches mit anderen Augen sehen – so etwa den **Rochlitzer Berg** (354 m), der vulkanischen Ursprungs ist. Sein in ganz Europa einmaliger rostroter Porphyrtuff, der heute immer noch abgebaut wird, macht seit etwa 1000 Jahren die Bauten der Region unverwechselbar. Selbst Bürgerhäuser und Bauerngehöfte schmückt der »Sächsische Marmor«.

Die schönsten Burgen und Schlösser

■ Sehenswert ist nicht nur der Rittersaal auf **Burg Mildenstein**, auch die Aussicht auf das Muldetal ist spektakulär 〉 S. 134.

■ Spätmittelalterliche Fresken machen **Burg Kriebstein** zu einer Attraktion 〉 S. 136.

■ Spätgotik in Vollendung kennzeichnet die **Albrechtsburg Meißen** 〉 S. 65.

■ Die **Festung Königstein** bietet neben ihren Sehenswürdigkeiten eine prächtige Aussicht auf Elbe und Tafelberge 〉 S. 61.

■ Schon allein die Lage in einer wunderschönen Teichlandschaft lohnt die Fahrt zum **Schloss Moritzburg** 〉 S. 63.

■ Wasserpalais, Bergpalais und Neues Palais, umgeben von einem reizvollen Garten: **Schloss Pillnitz** 〉 S. 54.

■ Das Hochhaus unter den Schlössern ist **Schloss Weesenstein**. Ein herrlicher Park umgibt das achtstöckige Bauwerk 〉 S. 58.

■ **Schloss Krobnitz** ist ein imposantes klassizistisches Preußenschloss in einem englischen Landschaftspark. **Am Friedenstal 5 02894 Reichenbach/Oberlausitz Tel. 03 58 28/8 87 00** Di–So 10–17 Uhr

Info

Tourismus-Information Rochlitzer Muldental Markt 1][09306 Rochlitz Tel. 0 37 37/78 32 22][www.romu.de

Restaurant

Türmerhaus **Rochlitzer Berg**][**Tel. 0 37 37/4 07 06** Die rustikale Berggaststätte serviert landestypische Gerichte. ●

*Burg Kriebstein 🔟

Auf hoher Felsklippe überragt beim Städtchen Waldheim eine der schönsten Burgen Sachsens die schäumende Zschopau. Im Kern wurde ihr vielgestaltiges Gemäuer zwischen 1384 und 1408 errichtet. Ihr Kleinod ist das ==Schatzgewölbe mit gut erhaltener spätgotischer Wandgestaltung==. Die kunstvollen Wandmalereien mit Marienszenen in der Kapelle (um 1410) gehören zu den bedeutendsten spätmittelalterlichen Fresken in Deutschland. Der massive gotische Wohnturm beherbergt auf fünf Etagen das Burgmuseum (Di–So Feb. bis März 10–16, April–Okt. 10–17.30, Nov. nur Sa, So, Fei 10–16 Uhr, Tel. 03 43 27/95 20, www.burg-kriebstein.de).

Wo die **Kriebsteintalsperre** die Zschopau staut, lockt mit dem 9 km langen Stausee ein kleines Wassersportparadies. Der See lässt sich per Schiff oder entlang der Ufer mit einer Kremserfahrt erkunden.

Info

Zweckverband Kriebstein-Talsperre
An der Talsperre 1
09648 Höfchen/Kriebstein
Tel. 03 43 27/9 31 53
www.kriebsteintalsperre.de

Hotel

Waldhaus Lauenhain
An der Talsperre 10
09648 Mittweida-Lauenhain
Tel. 0 37 27/62 61 90
www.waldhaus-lauenhain.de
Familiäres Haus mit Talsperrenblick. ●●

Frohburger Schloss 🔢

Das Kohrener Land, traditionelles Erholungsgebiet der Leipziger, ist Agrarland und wurde bis ins 19. Jh. hinein von Rittergutsbesitzern beherrscht. Das Frohburger Schloss (16. Jh.), das heute u. a. das Heimatmuseum beherbergt, veranschaulicht dies (Mai–Okt. Di–Fr 9.30–12, 13.30–16 Uhr, So, Fei 11–16 Uhr).

Burg Gnandstein 🔢

Sachsens älteste romanische Burg kann man hier besichtigen. Mit dem Bau der Kernburg, von der die Schild- und Zwingermauer sowie der Palast mit einzigartigem Rittersaal erhalten sind, wurde um 1200 begonnen. Vom Burgfried hat man eine schöne Aussicht. Sehenswert ist die spätgotische Kapelle mit ihren drei prächtigen Flügelaltären (Feb. bis April Di–So 10–17, Mai–Okt. Di bis So 10–18 Uhr. Auch Restaurant und Burghotel).

Kohren 🔢

Das 1453 zur Stadt erhobene Kohren wurde durch seine Töpferwaren bekannt. Schon im 15. Jh. stellte man hier Keramikfliesen her, später auch Töpfe und Schüsseln. Das zeigt das **Töpfermuseum** (März–Okt. Di–So 10.30–12, 13–17 Uhr). Ein Wahrzeichen ist der Töpferbrunnen auf dem Markt, umlagert beim jährlichen Töpfer- und Krügemarkt (Sonntag nach Himmelfahrt). Bis ins 19. Jh. war Kohren Vasallenstadt des Rittergutes Sahlis. Dessen Rokokogarten galt lange als einer der schönsten Heckengärten Europas.

Info

Fremdenverkehrsverband Kohrener Land
Gnandsteiner Hauptstr. 14
04655 Kohren-Gnandstein
Tel. 03 43 44/6 12 58
www.kohren-information.de

Kloster Wechselburg 🔢

Wie an den Hang geklebt wirken die Häuschen des freundlichen Marktfleckens (ca. 2200 Einw.). Über ihren Dächern ragen das barocke **Schloss** und die **Pfarrkirche St. Otto** auf. Die bekannteste Sehenswürdigkeit ist jedoch das *Kloster Wechselburg, in dem seit der Wende wieder Benediktiner leben. Die Stiftskirche, eine dreischiffige Pfeilerbasilika, ist die wohl älteste romanische Kirche Sachsens (1160–1180). Ihr Inneres wird vom einzigartigen spätromanischen Lettner (Trennwand zwischen Chor und Mittelschiff) und der Triumphkreuzgruppe aus dem Jahr 1230 bestimmt, die zu den künstlerischen Meisterwerken der Stauferzeit zählen. Mindestens viermal am Tag kann man den gesungenen Gebeten der Mönche beiwohnen (u. a. tgl. 12, Sa, So 16.30, Mo–Do 18, Fr 18.30 und Sa–Do 19.30 Uhr). Kulturelle Glanzpunkte sind Kirchenkonzerte (Tel. 03 73 84/8 08 22).

Das meistfotografierte Motiv in der Umgebung ist die malerische zweistöckige **Göhrener Brücke** (425 m lang, 68 m hoch).

Schloss Rochsburg 🄖

Nahe **Lunzenau** mit seinem Mini-Eisenbahnmuseum, wo die bewaldeten Felsufer der Zwickauer Mulde bis zu 60 m hoch ansteigen, thront **Schloss Rochsburg**. Trotz zahlreicher Umbauten blieb sein mittelalterlicher Charakter bewahrt. In der spätgotischen Kapelle St. Anna mit Netzgewölbe steht ein sehenswerter Renaissancealtar; durch ein gotisches Portal gelangt man in die repräsentativen Säle (April–Okt. Di–So 10 bis 17, Nov.–März Di–So 10–16 Uhr; Tel. 03 73 83/67 03). Man gerät ins Schwärmen angesichts der Balkendecken aus dem 16. Jh. Aus den Fenstern geht der Blick auf ein wildromantisches Wanderparadies im Tal.

Kofftel
Burgstädter Str. 1][**09328 Lunzenau**
Tel. 03 73 83/64 10
www.prellbock-bahnart.de
==Übernachten im überdimensionalen Koffer,== hinter dem privaten Eisenbahnmuseum. Familie Lehmann betreibt auch die Kulturkneipe nebenan. ●

Penig 🄖

Der Stadtkern von Penig steht unter Denkmalschutz. Besonders schön sind das Renaissancerathaus von 1546 und die spätgotische Stadtkirche von 1515.

Im benachbarten **Waldenburg** steht eine der ältesten sächsischen Burgen und ein im englischen Tudorstil umgestaltetes Schloss.

Glauchau 🄗

Die Kleinstadt (ca. 25 700 Einw.), die inmitten des Erzgebirgsvorlandes an der Mulde liegt, vergleicht sich scherzhaft mit Rom – auch sie wurde schließlich auf sieben Hügeln errichtet! Hauptsehenswürdigkeit ist das **Doppelschloss**, ein architektonisches Kuriosum. Die Herren von Schönburg hatten eine Burg errichten und später zum spätgotischen Schloss ausbauen lassen (1470 bis 1485). Dann jedoch kam es in dem fürstlich-gräflichen Haus zur Spaltung, die sich im Baugeschehen widerspiegelte: Fast zeitgleich mit der Umgestaltung des Nordflügels von Schloss Hinterglauchau (1527) begann der Bau des zweiten Renaissanceschlosses Forderglauchau (dessen Schreibweise eine weitere Kuriosität ist).

Schlossbesucher können sich an vielem erfreuen – ob am Meissner Porzellan des Städtischen Museums, der Kunstsammlung Hinterglauchau oder an modernen Grafiken, Plastiken und Malereien in der Städtischen Galerie »art gluchowe« im Schloss Forderglauchau (beide Di–Fr 9–12, 13 bis 17, Sa, So, Fei 14–17 Uhr).

Im Juli beleben Minnesänger, Gaukler und fahrende Händler die Anlage mit einem Mittelalterfest. Die **Stadtkirche St. Georgen** besitzt eine Silbermann-Orgel.

Info

Tourist-Information
Markt 1][08371 Glauchau
Tel. 0 37 63/25 55][www.glauchau.de

Hotel

Hotel Meyer
Agricolastr. 6][Tel. 0 37 63/40 27 00
www.hotelmeyer.de
Gemütliche Zimmer im ruhigen historischen Villenviertel. ●●

Ausflüge ab Glauchau

Meerane 🔢

In der einstigen Tuchmacherstadt Meerane mit zahlreichen Fabrikantenvillen sind das historische Rathaus (1727) mit Heimatmuseum und die St. Martinskirche (1314–1503) mit Flügelaltar aus dem 16. Jh. sehenswert.

Hotel

Romantik Hotel Schwanefeld
Schwanefelder Str. 22
08393 Meerane][Tel. 0 37 64/40 50
www.schwanefeld.de
Das moderne Haus integriert eine alte Zollstation. Wellnessangebot mit Schokoladenmassagen, selbstgemachte Schokolade auch zum Mitnehmen. ●●

Crimmitschau 🔢

Das gut erhaltene Stadtbild aus Gründerzeit und Jugendstil erinnert an Crimmitschaus große Zeit als blühende Textilstadt. Die Pfarrkirche St. Laurentius (1513), das Rathaus, das Theater und Villen rund um die Lindenstraße wie auch das **Westsächsische Textilmuseum** (www.saechsischesindustriemuseum.de) sind die wichtigsten Sehenswürdigkeiten.

Im Ortsteil Blankenhain erstreckt sich am idyllischen Schloss das ***Landwirtschaftsmuseum Schloss Blankenhain** mit 80 Gebäuden (www.deutsches-landwirt schaftsmuseum.de, 10. Feb. bis 15. Dez. Di–So 9–17, Sommer bis 18 Uhr).

Hotel

Hotel Schloss Schweinsburg
Hauptstr. 147–149
08459 Neukirchen/Pleiße
Tel. 0 37 62/9 48 00
www.schloss-schweinsburg.de
Wildromantisch wohnen in mittelalterlicher Wasserburg (13. Jh.) oder angrenzenden Barockgebäuden. ●●●

Infos von A–Z

Angeln

Ein Anglerparadies ist die Region Oberlausitz-Niederschlesien mit ihren zahlreichen Seen, Talsperren, Teichen, Flüsschen und Tongruben. Auskunft über die Fangplätze für Aal, Barsch, Karpfen, Hecht, Schleie, Waller, Weißfisch, Wels und Zander geben die Gewässerkarten und -verzeichnisse des Anglerverbands **Elbflorenz Dresden**, Rennersdorfer Str. 1, 01157 Dresden, Tel. 03 51/ 3 10 60 81, www.anglerverband-sachsen.de.

Auto

Pannenhilfe: ADAC-Pannendienst (rund um die Uhr). Tel. 0 18 02/22 22 22.

Dialekt

Die Sachsen lieben ihre Sprache – doch nur, wenn sie sie selbst sprechen. Daher sollte man sich nicht anbiedern und versuchen, sächsisch zu sprechen – da fühlen sich viele schnell veralbert.

Informationen

Wissenswertes über die sächsischen Urlaubsgebiete gibt es zu den unterschiedlichen Themen wie Städte, Schlösser- und Burgen, Musik, Wellness, Historische Bahnen, Reit- und Landurlaub, Wandern, Motorrad, Camping sowie Reisen für Behinderte. Man erhält sie über die sächsische Dachorganisation:
■ **Tourismus Marketing Gesellschaft Sachsen (TMGS)**, Bautzner Str. 45–47, 01099 Dresden, Tel. 03 51/49 17 00, www.sachsen-tourismus.de.
Hier gibt es auch die wichtigsten Broschüren der Tourismusverbände (Tvb.) der folgenden Ferienregionen:
■ **Tvb. Erzgebirge (mit Westsachsen)**, Adam-Ries-Str. 16, 09456 Anna-

berg-Buchholz, Tel. 0 37 33/18 80 00, www.erzgebirge-tourismus.de.
■ **Tvb. Sächsisches Burgen- und Heideland**, Niedermarkt 1, 04736 Waldheim, Tel. 03 43 27/96 60, www.saechsisches-burgenland.de.
■ **Marketing-Gesellschaft Oberlausitz-Niederschlesien (MGO)**, Tzschirnerstr. 14a, 02625 Bautzen, Tel. 0 35 91/ 4 87 70, www.oberlausitz.com.
■ **Tvb. Sächsisches Elbland**, Fabrikstr. 16, 01662 Meißen, Tel. 0 35 21/ 7 63 50, www.saechsisches-elbland.de.
■ **Tvb. Sächsische Schweiz**, Bahnhofstr. 21, 01796 Pirna, Tel. 0 35 01/ 47 01 47, www.saechsische-schweiz.de.
■ **Tvb. Vogtland**, Göltzschtalstr. 16, 08209 Auerbach, Tel. 0 37 44/ 18 88 60, www.kursachsen.de.

Kuren

In zwölf Kurorten und sieben Orten, die eine Prädikatierung als Kurort anstreben, verfügt Sachsen über Heilbäder. Über die Orte, ihre Kureinrichtungen und jeweiligen Heilanzeigen sowie Pauschalangebote informiert der **Sächsische Heilbäderverband**, Budapester Str. 31, 01069 Dresden, Tel. 03 51/ 8 97 59 30, www.kursachsen.de.

Urlaubskasse	
Tasse Kaffee	1,90 €
Softdrink	1,80 €
Glas Bier (0,3 l)	2,20 €
Bratwurst mit Brötchen	2,50 €
Kugel Eis	1 €
Taxifahrt (pro Km zzgl. Grundgebühr)	ab 1,30 €
Mietwagen/Tag	ab 50 €

Register

Bildnachweis

APA Publications/Mark Read: U2-Top12-1, U2-Top12-3, U2-Top12-8, 11, 44, 45, 63, 87, 90, 96, 112, 115, 117; Bildagentur Huber/Krammisch: 71; Bildagentur Huber/Mehlig: 52; Bildagentur Huber/R. Schmid: 6, 24, 34, 126; Bildagentur Huber/Szyszka: 120; d-foto.net/Sylvio Dittrich: 2-3; d-foto.net/Ilona Studre: U2-Top12-7; Britta Dieterle: 20; Fotolia/digi_dresden: 5, 55; Fotolia/Frank: 2-1; Fotolia/Frank-Peter Funke: 84; Fotolia/Ole Jensen: 2-2; Ralf Freyer: 49; Corinna Grulich: 8, 15, 28, 57, 60; Hotel Kempinski: 22; laif/Babovic: U2-Top12-9, 23, 68, 79, 106, 129; laif/Achim Gaasterland: 32, 37, 110, 135; laif/GAFF/Adenis: 16, 19, 38, 51; laif/Glaescher: 31; laif/Gernot Huber: U2-Top12-2, 9, 46; laif/Kirchner: U2-Top12-4, U2-Top12-6, 91; laif/Westrich: U2-Top12-12, 59; LOOK-foto/TerraVista: U2-Top12-5; mauritius-images/imagebroker/Guenter Fischer: 94; Meissen-AE/Peter Gaten: 67; Erhard Pansegrau: 104; Punktum/Bertram Kober: 102; transit-Archiv/Jehnichen: 132; Rainer Weisflog: U2-Top12-10, 40, 72, 89; Wikipedia.org: U2-Top12-11.

Polyglott im Internet: www.polyglott.de

Impressum

Wir freuen uns, dass Sie sich für einen Reiseführer aus dem Polyglott-Programm entschieden haben. Auch wenn alle Informationen aus zuverlässigen Quellen stammen und sorgfältig geprüft sind, lassen sich Fehler nie ganz ausschließen. Wir bitten um Verständnis, dass der Verlag dafür keine Haftung übernehmen kann. Ihre Hinweise und Anregungen sind uns wichtig und helfen uns, die Reiseführer ständig weiter zu verbessern. Bitte schreiben Sie uns:
GVG TRAVEL MEDIA GmbH, ein Unternehmen der GANSKE VERLAGSGRUPPE
Redaktion Polyglott, Harvestehuder Weg 41, 20149 Hamburg, redaktion@polyglott.de

Wir wünschen Ihnen eine gelungene Reise!

Herausgeber: GVG TRAVEL MEDIA GmbH
Redaktionsleitung: Grit Müller
Neukonzeption: Gerhard Brand und Christoph Münch
Redaktion: Buch und Gestaltung / Corinna Grulich
Bildredaktion: GVG TRAVEL MEDIA GmbH sowie Buch und Gestaltung / Britta Dieterle
Layout: Ute Weber, Geretsried
Titeldesign-Konzept: Studio Schübel Werbeagentur GmbH, München
Karten und Pläne: Kartografie GVG TRAVEL MEDIA GmbH, Hamburg, und Carlos Borrell
Satz: Buch und Gestaltung / Britta Dieterle; Schulz Bild & Text, Mainz
Druck und Bindung: Stürtz Mediendienstleistungen, Würzburg

© 2013 by GVG TRAVEL MEDIA GmbH, Hamburg
2. unveränderte Auflage
Printed in Germany
Dieses Buch wurde auf chlorfrei gebleichtem Papier gedruckt.
ISBN 978-3-8464-0646-5

Langenscheidt Mini–Dolmetscher Sächsisch

Als Grundregel des Sächsischen gilt »De Weeschn besieschn de Hardn« (»Die Weichen besiegen die Harten«), das heißt, auch harte Konsonanten werden meist weich gesprochen (p = b, t = d, k = g). Etwas schwieriger für alle Nichtsachsen ist die Aussprache der Vokale und Umlaute. Ein e wird zum ä, das ö hört sich an wie ein e und das ü wird zum langen i.

Nicht verzweifeln bei Wörtern mit der Silbe ei: Es heißt eens, zwee, dreie und nicht eens, zwee, dree. Einfacher wird´s mit dem au, das sächsisch zum oo mutiert: loofn und goofn statt laufen und kaufen.
Für die Dresdner sind zwei kleine Worte sehr typisch: Zur Bestätigung (ja, doch, klar) sagen si »nu«. Und »nicht« wird zu »ni«.

Aahmd	Abend
ausbaldowern	herausfinden, auskundschaften
ausmährn	sich beeilen
babbsch	weich, pappig
bedäbberd	verdutzt, überrascht
bedudeld	beschwipst
Beene	Beine
Bemme	belegtes Brot
bitschenass	nass bis auf die Haut
Blaadsch	Tollpatsch
blaadschn	Bindfäden regnen
Blembe	unschmackhaftes Getränk, dünne Suppe
Bliemschngaffee	dünner Kaffee
Boom	Baum
Dämse	drückende Hitze, Gewitterschwüle
dischdsch	tüchtig
dickschen	schmollen, sich trotzig verhalten
didschn	eintunken (z. B. Kuchen in Kaffee)
dorheeme	daheim
Drähsdn	Dresden
draaschn	regnen
Dschuldschung	Entschuldigung
egah	fortwährend, immerzu
eingoofn	einkaufen
escha	ein energisches nein, oder »ach, wo denkst du hin«
es räächent	es regnet
ferdsch	fertig
fischeland	geschickt, klug, clever
Fisemadenzschn	Dummheiten
fuchdsch (wärn)	wütend, zornig (werden)
gäägsch	blass, kränklich aussehen
Gaggsch	Spaß, Scherz
Gelummbe	Sachen, Kram, Mist
gemiedlisch	gemütlich
Gischdruden	Beine
Gnewertzchen	Füße, Zehen
Gobb	Kopf
gräfdsch	kräftig
Graf Googs	Angeber, Lackaffe
de Gräädsche machen	schlapp machen, krank werden, auch: sterben
Griebsch	Kerngehäuse des Apfels
Guhbläke	abgelegenes kleines Dorf
Gusche	Mund

Heeme machen	nach Hause gehen
helle	aufgeweckt, klug
hiefrisch	schwächlich
hinmachen	sich beeilen
Husche	kurzer Regenschauer, kleines Feuer im Ofen
iezsch	zornig, wütend
iewer	über
Laadschn	alte Schuhe, Hausschuhe
labbsch	schlaff, kraftlos, fade
Lähm	Leben; Lehm
laweede	labil, wackelig
Leibzsch	Leipzig
Lorge	dünner Kaffee
malade	matt, abgespannt
mährn	etwas langsam machen
meschugge	verrückt, nicht bei Sinnen
Morschn	Morgen, Guten Morgen
Motschegiebchen	Marienkäfer
Muggen	charakterliche Eigenheiten
närrsch	verrückt, nicht normal
ni	nicht (nur Raum Dresden)
ningeln	jammern
nu	ja, klar (Raum Dresden)
Nieselbriem	Tollpatsch
Raasche	Aufregung, Wut, Lärm, Unruhe
Rabadz	
Rangdewuh machen	gründlich aufräumen, Ordnung machen
Reformande	Strafpredigt
riewer un niewer	herüber und hinüber
rumbläägn	herumschreien
rumhubbm	herumhopsen, –hüpfen
Runks	Grobian
Schmedde	(altes, klapperiges) Fahrrad
Schlaadz	Riss, Schlitz
Schwabberich	kurzer Regenguss
Schweeßbemmen	Schweißfüße
sieße	süß
vorblembern	vergeuden
vorbummfiedln	verlegen, verschusseln
vorhohnebiebeln	verhöhnen, verspotten
vorgaggeiern	veralbern
wegmachn	sich räumlich verändern
Worscht	Wurst